こんな会社で働きたい

ウェルビーイングな働き方を実現する

健康経営企業編

クロスメディアHR総合研究所

※「健康経営®」は、ＮＰＯ法人健康経営研究会の登録商標です。

はじめに

クロスメディアHR総合研究所は、ビジネス書出版事業を行うクロスメディアグループの経営と人事に特化する研究機関として発足しました。

『こんな会社で働きたい』シリーズは、地方の優良企業にフォーカスして、Uターン就職、Iターン就職のニーズに着目し、2018年に誕生しました。

以来、地方編として「千葉編」「埼玉編」「広島編」「茨城編」「大阪編」「神奈川編」「兵庫編」「奈良編」「石川編」「愛知編」と10冊を出版しました。

2020年からは、企業の取り組みをテーマに、「健康経営企業編」「SDGs編」をスタートし、年1回のペースで継続出版してきました。本書は健康経営企業編の第3弾になります。

経済産業省によって健康経営優良法人認定制度が始まったのは2017年でした。健康経営に対する関心の高まりと共に、健康経営優良法人に認定される企業が増加しています。

一方、2020年1月から始まった新型コロナウイルス感染症の拡大により、私たちの働き方は大きく変わりました。対応できる企業はリモートワークへ大きくシフトし、一部の企業や職種では週5日の出社を前提としない働き方が常態となっています。

PART 2でご紹介する株式会社ディー・エヌ・エーは、リモートワークへ大きく舵をきった企業の代表と言えます。本社のオフィスフロアを5分の1にし、コロナ禍以前とは異なった健康経営の施策を実施しています。詳しくはCMO兼CHOの三宅邦明氏のインタビューを参照してください。

一方で大手企業でもコロナの収束を見据え、出社前提に戻そうという動きが出ています。とはいえ、労働生産性の観点や働きやすさを求める働き手のニーズを考えると、新たな働き方を模索していく段階になっています。

本書を手にした就職活動中のみなさんも、学生生活や家族との生活のなかでさまざまな変化を体験したことでしょう。オンラインの授業だけで、友人に会えない、新しい出会いもない、サークル活動も満足にできない、アルバイトもできない、ストレスの多い日々を強いられたことでしょう。

就職活動もオンラインが中心になり、それまでの先輩たちの経験談などがあまり参考にならず、手探りの状態で始めることになりました。

企業研究においては、事業内容、売上、営業利益、従業員数などはインターネットで簡単に調べることはできますが、その会社の将来性を判断することは容易ではありません。その会社の掲げるビジョンやミッションは、将来にわたって通用するものなのか、入社するあなたの価値観に職場環境はフィットするのか、判断する材料を見つけなくてはなりません。

多くの人は将来にわたって成長し、働く自分自身も成長できる会社を選びたいと思うのではないでしょうか。未来を見通すことは難しいですが、変わらず大切にすべき価値があります。それは働くみなさんの「健康」です。健康に働ける環境を提供している会社なのかどうかは、ひとつの重要な選択基準にしてよいのではないでしょうか。

健康経営を行うメリット

企業が健康経営を行うメリットとしては、次のようなものがあります。

- **生産性向上・業績向上**
- **企業価値向上・ブランディング**
- **従業員のモチベーションアップ・組織の活性化**
- **人材の確保・定着**

こうした点は、経営者・株主にとっても望ましいことです。

経済産業省は東京証券取引所と共同で、健康経営銘柄を選定しています。健康経営銘柄に選定されるためには、毎年8~10月頃に行われる健康経営度調査に参加しなければいけません。選定されることで、企業の健康経営の取り組みが株式市場などにおいて、適切に評価される仕組みづくりを推進しています。

経済産業省の健康経営優良法人認定制度では、大規模法人部門の上位５００社をホワイト５００」、中小規模法人部門の上位５００社を「ブライト５００」と呼んでいます。健康経営優良法人に認定されると、従業員や求職者、関係企業や金融機関などから「従業員の健康管理を経営的な視点で考え、戦略的に取り組んでいる法人」として社会的な評価が受けられます。

こうした取り組みの成果もあり、下表「令和３年度健康経営度調査の結果」にある通り、健康経営優良法人の認定数は毎年増加しています。

もちろん、このような顕彰制度で認定されていない企業でも、健康経営の取り組みが進んでいる企業もあります。

令和3年度健康経営度調査の結果

- 令和 3 年度健康経営度調査（第8回）の**回答数は、前回から 346 件増加の 2,869 件**（うち、上場企業は 1,058 社）。**認定数は、前回から 498 件増加の 2,299 件。**

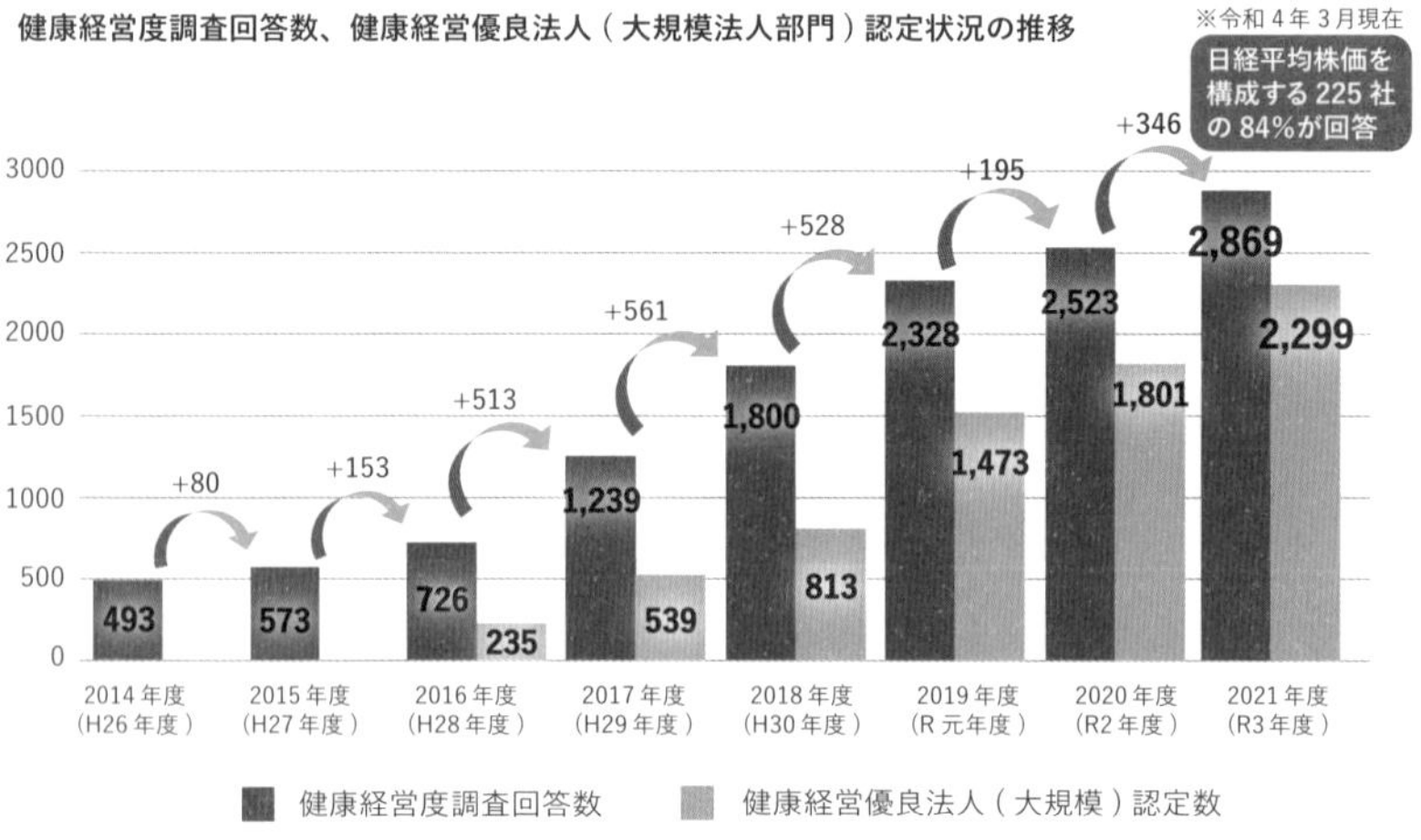

健康経営に係る顕彰制度について（全体像）

- **健康経営に係る各種顕彰制度を通じて、優良な健康経営に取り組む法人を「見える化」**し、社会的な評価を受けることができる環境を整備。
- 2014年度から上場企業を対象に**「健康経営銘柄」**を選定。また、2016年度からは**「健康経営優良法人認定制度」**を推進。大規模法人部門の上位層には「ホワイト500」、中小規模法人部門の上位層には「ブライト500」の冠を付加している。

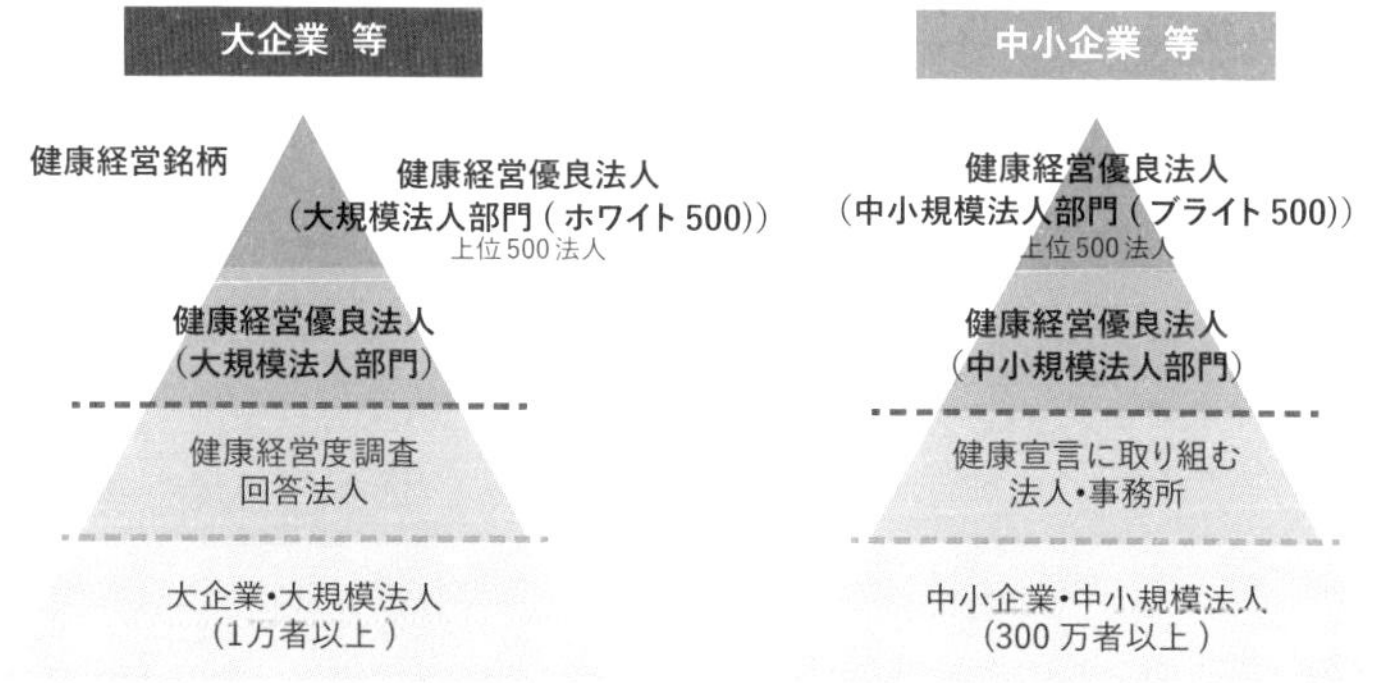

健康経営銘柄及び健康経営優良法人への期待

- 健康経営銘柄及び健康経営優良法人への期待として、以下整理している。

健康経営銘柄

健康経営銘柄の方針は、「東京証券取引所の上場会社の中から『健康経営』に優れた企業を選定し、長期的な視点からの企業価値の向上を重視する投資家にとって魅力ある企業として紹介をすることを通じ、企業による『健康経営』の取組を促進することを目指す」こととしている。

健康経営銘柄企業に対しては、健康経営を普及拡大していく「アンバサダー」的な役割を求めるとともに、健康経営を行うことでいかに生産性や企業価値に効果があるかを分析し、それをステークホルダーに対して積極的に発信していくことを求める。

健康経営優良法人（大規模法人部門（ホワイト500））
健康経営優良法人（大規模法人部門）

健康経営優良法人の方針は、「健康経営に取り組む優良な法人を『見える化』することで、従業員や求職者、関係企業や金融機関などから『従業員の健康管理を経営的な視点で考え、戦略的に取り組んでいる法人』として社会的に評価を受けることができる環境を整備する」こととしている。

大規模法人に対しては、グループ会社全体や取引先、地域の関係企業、顧客、従業員の家族などに健康経営の考え方を普及拡大していく「トップランナー」の一員としての役割を求める。

健康経営優良法人（中小規模法人部門（ブライト500））
健康経営優良法人（中小規模法人部門）

健康経営を全国に浸透させるには、特に地域の中小企業における取り組みを広げることが不可欠であり、中小規模法人部門においては、個社に合った優良な取組を実施する法人を積極的に認定することで、健康経営のすそ野を広げるツールとしている。

中小規模法人に対しては、引き続き自社の健康課題に応じた取組を実践し、地域における健康経営の拡大のために、その取組事例の発信等をする役割を求める。

出典：経済産業省ヘルスケア産業課「健康経営の推進について」（令和4年6月）

ウェルビーイングにもフォーカス

健康経営という言葉は、２００６年にＮＰＯ法人健康経営研究会が考案しました。２０２１年には定義を見直し、「人という資源を資本化し、企業が成長することで社会の発展に寄与すること」という意味合いが付与されました。ＰＡＲＴ １で同研究会理事の樋口毅氏が指摘しているように、健康経営は法令遵守・健康管理視点から始まり、人的資本の視点、さらに社会資本としての人資本視点へと変化を遂げています。

そうした背景もあり、最近では、「ウェルビーイング」というキーワードにも改めて注目が集まっています。世界保健機関（ＷＨＯ）が発行した『Health Promotion Glossary of Terms 2021』では、次のように定義しています。

「ウェルビーイングとは、個人および社会が経験するポジティブな状態である。健康と同様、日常生活における資源であり、社会的、経済的、環境的条件によって決定される」

たんに健康であることにとどまらず、ウェルビーイングが保たれる環境の整備が企業に求められているのです。経営戦略としての健康経営から始まり、個々の従業員の健康だけにとどまらず、幸福を追求する環境の整備に企業や社会が関心を寄せる時代になってきています。

本書では、健康経営優良法人を直接取材したうえで、健康経営の取り組み、健康経営への考え方を紹介していますので、ぜひ参考にしてみてください。

「こんな企業もあるのか」という新たな発見もあるでしょう。

これから始まる長いキャリアの入り口に立つための第一歩として、みなさんに本書を役立てていただけたら幸いです。

クロスメディアＨＲ総合研究所

INDEX

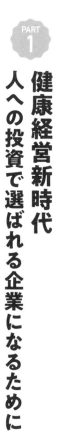

PART 1

健康経営新時代

人への投資で選ばれる企業になるために

NPO法人健康経営研究会 理事／
株式会社ルネサンス 健康経営企画部長
樋口 毅

健康経営の考え方は時代の流れとともに注目を集め、大企業から中小企業まで全国的な広がりを見せています。NPO法人健康経営研究会では、2021年に健康経営の定義を見直し、「人という資源を資本化し、企業が成長することで社会の発展に寄与すること」という言葉を新たに追加しました。健康経営の視点は、従来の「法令遵守・健康管理」から、「企業の最大の資源である『人』の価値をどのように高めていくか」へ進化してきているためです。NPO法人健康経営研究会理事で、株式会社ルネサンス健康経営企画部長を務める樋口毅氏に、これからの時代の健康経営のあり方についてお聞きしました。

健康経営とは人を資本とする企業づくり

健康経営という言葉は、2006年にNPO法人健康経営研究会が考案しました。当初の定義は、「健康管理を経営的視点から考え、戦略的に実践すること」です。その後、2021年に定義を深化版として見直し、「人という資源を資本化し、企業が成長することで社会の発展に寄与すること」という言葉を新たに追加しました。改めて健康経営を「人を資本として、企業の成長と社会を発展・循環させていくための経営戦略」として位置づけたのです。

近年、人を「人的資源（Cost）」から、「人的資本（Capital）」として、企業の投資対象に位置づける動きが一層に高まってきました（図表1－1）。企業はこれまで、成長のために「ヒト・モノ・カネ・情報」の4つの経営資源を活用してきましたが、これらはすべて「ヒト」が使わなければ価値は生まれません。健康経営が生み出す最大の価値は、この代替不可能な「ヒト」への戦略投資をもって新たな人資本価値を社会に生み出していくことです。

健康経営を普及させるにあたり、NPO法人健康経営研究会は、「未来は予測するものではなく、創るもの。」という視点から、目標とする未来予想図を描き、逆算して解決方法をデザインすることに取り組んできました。

健康経営という言葉を考案した2006年当時、日本は人口動態の変化から、15年後には働く人の高齢化が問題となっているであろうと考えました。再雇用や雇用延長が当たり前になり、労働環境の中で高

NPO法人健康経営研究会 理事／株式会社ルネサンス 健康経営企画部長
樋口 毅

（プロフィール）
順天堂大学大学院健康・スポーツ科学研究科修士課程修了。トッパングループ健康保険組合、凸版印刷株式会社等を経て、現在は株式会社ルネサンスの健康経営企画部長を務める。また、NPO法人健康経営研究会理事、健康経営会議実行委員会事務局長、健康長寿産業連合会事務局長／健康経営ワーキング座長、経済産業省健康投資ワーキング委員などを兼任。健康経営の概念の実装および普及・啓発をはじめ、「働く人の健康」をテーマに多岐にわたる活動を行っている。

年齢従業員の健康問題が重視され、企業の健康課題が経営課題に直接つながる社会になると考えたのです。当時は、法律で定められた健康診断をやりっ放しにする企業も少なくなく、このまま企業が健康への投資をおろそかにし続けた場合、確実に従業員の健康問題が経営課題につながるであろうという懸念がありました。未来を豊かにするために、健康管理を経営的な視点から捉える必要性を感じたのです。

そして、これから10年の健康経営では改めて、人の価値をさらに高めることを目指しています。今、日本にある資源は「人」だけです。しかし、少子化により「人資源」もこれから減少していきます。これからの社会を持続的に発展させていくためには、人という資源を資本化していくことが、日本

図表1-1　人的資源から人的資本へ

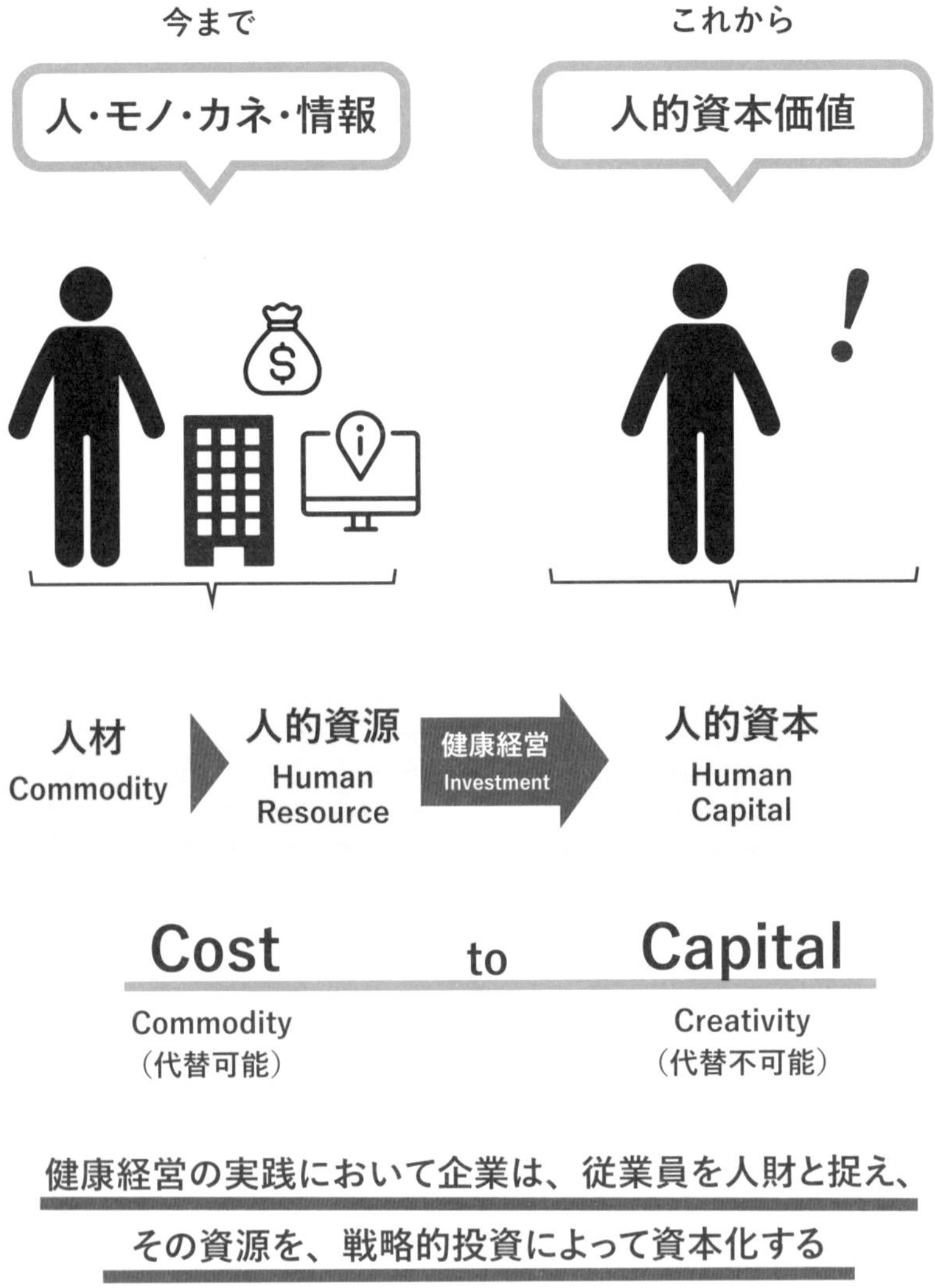

が持続的に成長していくための最後の鍵になると考えています。

健康経営で企業と働き手がWIN-WINに

現在、政府で健康経営の推進を後押ししてくれているのは経済産業省です。その目的を、企業の業績および企業価値の向上に寄与・貢献する政策として位置づけています。従来の法制化された枠組みの中で、企業を管理するのではなく、企業の成長を積極的に支援しているところが大きなポイントです。

経済産業省と連携する省庁としては、厚生労働省とスポーツ庁などがあり、団体としては日本健康会議やNPO法人健康経営研究会などがあります。顕彰制度としては、経済産業省が中心となり、健康経営銘柄と健康経営優良法人という制度が設けられています。健康経営優良法人のうち、大企業は「ホワイト500」、中小企業は「ブライト500」という名称で、それぞれ上位500社に顕彰しています。

ここで、世界に目を向けてみましょう。これから日本では、国内の上場企業、とくにプライム市場に上場している企業において、従業員に対する人的資本への投資内容についての開示が義務化されていきます。すでにアメリカでは、SEC（米国証券取引委員会）により、企業への人的資本投資開示が義務化されており、国際標準化機構（ISO）が「ISO30414」として、人的資本情報開示のガイドラインを示しています。国際的にみても、人的資本への投資が大きな潮流となってきています。

しかしながら、アメリカと日本の企業経営には、雇用慣行において大きな違いがあります。アメリカには、日本の労働基準法のような労働関係全般に関する統一的な法規は存在しません。アメリカは、使用者と労働者のどちらからでも、自由に雇用契約を解約できるという原則のもとでの契約制度であり、健康についての考え方も自己責任を前提としています。

これに対して、日本は、一度雇用した人を簡単には解雇できません。健康診断も法制化された枠組みの中で義務化されていますし、医療保険も皆保険制度です。結果として、これまでの日本は、従業員の健康や働き方については、国と企業の取り組みが一体化されており、法制化された枠組みの中で、企業が従業員の健康を考えることが当たり前でした。健康経営は、こうした雇用慣行の流れから新しく生みだされた、日本独自の経営戦略だと私たちは考えています。

企業が健康経営に取り組むメリットは、企業の持続的な成長に貢献できる人が集まるようになることです。今後、生産年齢人口の減少や雇用の流動化が進んでいく中で、優秀な人の数で企業価値が大きく変わっていきます。サプライチェーンも含めた、外部の優れたビジネスパートナーから選ばれる会社になるためにも、健康経営への取り組みが一層に大切になっていきます。

昔から日本の企業には人を大切にする文化がありました。そのルーツとなるのが、近江商人の「三方よし」という考え方です。売り手よし、買い手よし、世間よしというバランスを大切にすることは、社会の発展と自社の成長を、売り手である「人」の力をもって取り組む健康経営のあり方と共通点があります。人という資源を資本化するための積極的な投資を行うことで、いかに優秀な人が集まる魅力的な会社になり得るかが健康経営の最大のテーマです。

他方、働き手にとってのメリットは、健康経営に取り組む会社で働くことで、自分の価値を高められることです。社会の持続的な発展に貢献できる企業において、やりがいを感じながら働くことで、スキルが身につき、さらに、このスキルを社会に循環させることで、さらなる自己の成長につながります。つまり、健康経営は、企業と働き手の双方にとってＷＩＮ‐ＷＩＮな戦略となります。

従来の「健康経営１・０」が法令遵守・健康管理視点ならば、現在の「健康経営２・０」は企業の中での人資本視点、そして、これからの未来の「健康経営３・０」は社会資本としての人が、複数の企業をパートナーとして共創価値を高めていく社会へと変化を遂げていくでしょう（図表１－２）。

図表1-2　健康経営は社会資本としての人資本視点へ

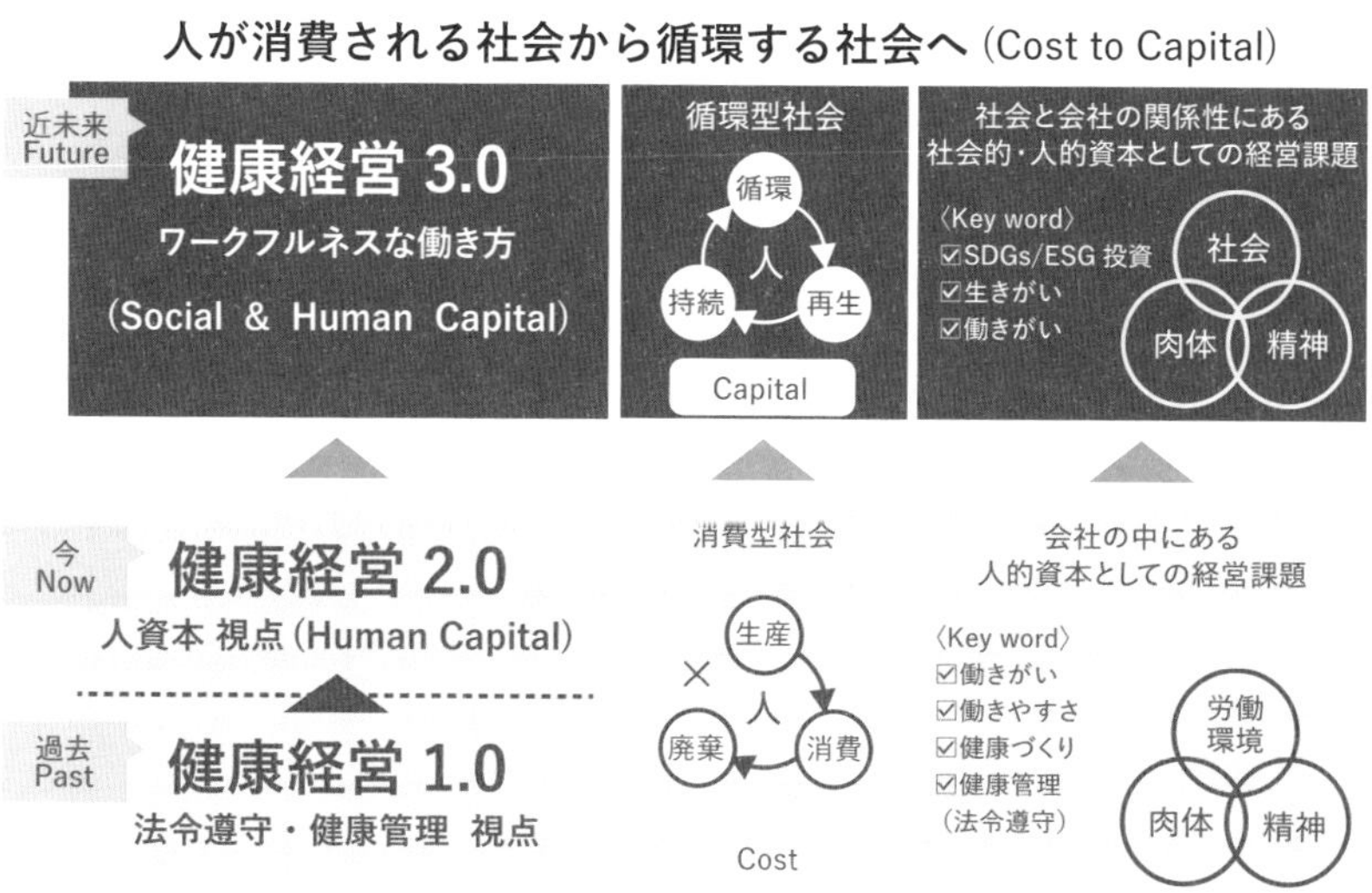

全国的に広がりを見せる健康経営

健康経営は全国的に広がりを見せています。健康経営優良法人の認定に関しては、申請数、認定数ともに毎年右肩上がりで、健康経営優良法人２０２３のデータを参照すると、中小規模法人部門の申請数は1万４４３０社（そのうち、ブライト５００の申請数は３２７４社）と、前年に比べ１５８１社増えています。また、２０２２年度から経済産業省主導だった運営事務局を日本経済新聞社へ委託したことにより、これまで無料だった申請料が有料になりましたが、それでも申請する企業の数は減らず、むしろ増加傾向にあります。

上場企業の場合はすでにイノベーター理論でいうキャズム（新たな製品が世に出た際に、その製品が市場に普及するために超える必要のある溝について説いた理論）超えを果たしていて、健康経営はメインストリーム市場に入っています（図表１‐３）。つまり、上場企業では健康経営が当たり前になりつつあるのです。前述したように、上場企業は２０２４年度以降、人的資本情報を外部開示することが義務づけられていきます。この情報開示によって、上場企業では、健康経営の取り組みも、企業の魅力を示すための積極的な開示項目へとつながっていきます。

一方、中小企業を見ると、採用に苦戦している業種ほど、健康経営に一所懸命取り組んでいる傾向があります。全体の申請件数も非常に伸びている中でも、たとえば、建設業や製造業は申請数が確実に増えていますし、運輸業・物流業はネット通販の成長・拡大などにより業績こそ好調ですが、採用面で苦戦しています。企業として着実に成長しているものの、人不足で困る企業ほど、自社をよき会社として認知してもらうために健康経営に取り組んでいると言えるでしょう。

中小企業に関しては、全国で約420万社が登録されています。仮に420万社を分母とすると、健康経営優良法人の申請をしている会社は1万4000社になるので、パーセンテージとしては、まだ1％にも満たない状態です。しかし、健康経営優良法人とは別に、日本健康会議が全国健康保険協会（協会けんぽ）と一緒に進めている「健康宣言企業」という枠組みでは、宣言企業は2022年現在12万3000社に増えており、着実に健康経営に取り組む中小企業が増えています。

図表1-3　健康経営は上場企業では当たり前に

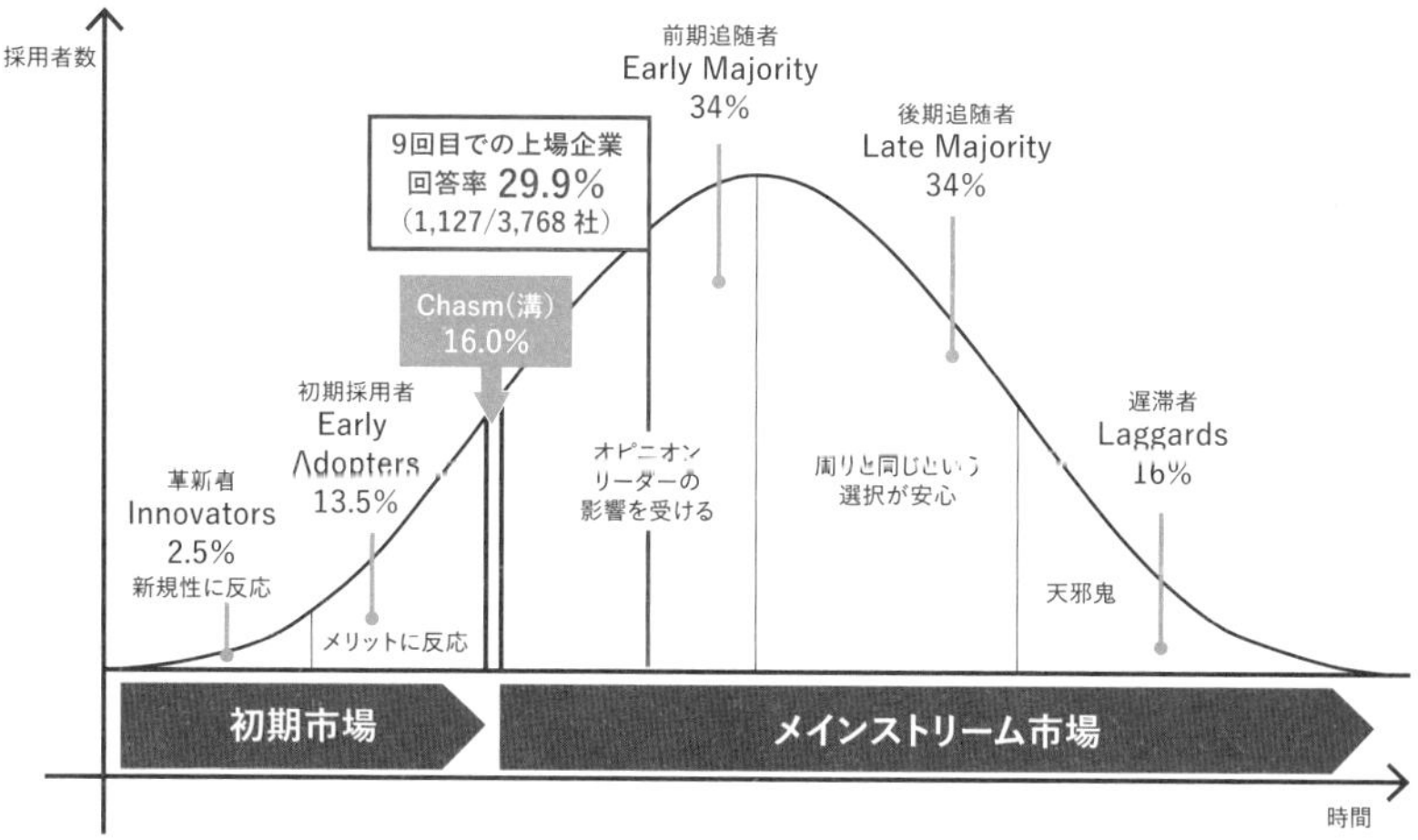

健康経営に取り組む先進的な企業

健康経営に取り組む先進的な企業として、ここでは情報通信業種から2社の事例をご紹介します。

1社は、SCSK株式会社です。同社は第1回目から8年連続で健康経営銘柄の認定を受けています。以前のIT業界は休日出勤や長時間労働が常態化しており、SCSKも同様でしたが、その環境を改善すべく、従業員への投資を積極的に行ってきました。その施策のひとつに、労働時間の適正化があります。具体的には適正化された残業代を社員に還元するという施策を導入したのです。結果、月の残業時間が20時間未満になり、業績も向上しました。また、SCSKでは働き方改革を推進するにあたり、パートナー企業に対し、社長名をしたためた手紙で協力を依頼するなど、経営者が人への投資を経営戦略として取り入れ、自らの率先的な行動をもってリーダーシップを発揮しました。近年では、健康経営の投資により、従業員のヘルスリテラシーが高まり、さらには健康的な習慣を獲得している人ほど生産性が高いという相関を明らかにするなど、健康経営の成果を積極的に情報開示するまでに至っています。

もう1社は日本電信電話株式会社（NTT）です。NTTは「ワーク・イン・ライフ」というキーワードを健康経営に掲げ、働く場所に縛られない会社づくりを目指しています。コロナ禍では、テレワークなどのデジタル化の導入により在宅勤務が推進された結果、働く場所と暮らす場所を自由に選ぶことが当たり前の社会へと移行しつつあります。そこでNTTでは、従業員が柔軟に働けるように、オフィスに日々通勤することを前提とするのではなく、リモートワークを基本とし、必要な際に出社する新たな働き方（リモートスタンダード）を導入しました。従来は、共働きの家庭の場合、パートナーが転勤を命じられたら、単身赴任を選択せざるを得ず、結果、どちらかに育児や介護などの負担が強いられることになりました。ワーク・イン・ライフは働く人に寄り添った投資であり、同社がこのような社会の負を解消するために率先して取り組むことは、結果として新たな事業価値を生み出すことにもつながっていきます。

また、直近の健康経営のトレンドとして、企業は、高年齢従業員の健康確保に取り組む必要性に迫られています。現在、日本で一番多い労働災害は転倒や腰痛などの、いわゆる行動災害と言われており、厚生労働省からは、サービス産業に従事する55歳以上の女性の転倒災害が多いというデータが示されています。特に、飲食業や小売業、社会福祉業に多く、再雇用等の雇用延長や、定年制度の廃止など、働く人の年齢が高齢化すればするほど起こる健康課題が企業の中で顕在化していきます。これからは、生活習慣病起因のアルツハイマー型認知症等を発症する従業員など、高齢になればなるほど再雇用者の健康度が減退していくという課題があります。会社にとっても、従業員にとっても、一層に、健康であることが、働き続けるための必須条件になっていくことでしょう。

経営戦略としての健康経営

健康経営に取り組む企業には2種類あります。経営戦略として明確に従業員への健康投資を位置づける企業と、そうではない企業のいずれかです。当たり前ですが、そのうち外部からの評価を受けやすいのは前者です。健康経営は、経営戦略の中に位置づけられなければ具体的な事業活動にはつながらないからです。

しかしながら、前述のように日本は、法令遵守や安全配慮義務という法制化された枠組みから、国が健康管理のガイドラインを示してきました。その結果、本来は手段であるはずの法令遵守そのものが、目的化されてしまっている企業が多く存在しています。それが後者の企業です。そもそもの目的が法令遵守であれば、人を通じてそれ以上の価値を生み出していくことは困難です。そんな中、前述の2社のように、社会の発展と企業の持続的な成長を循環させるための源泉として、従業員の健康に投資をする企業も増えてきてい

図表1-4 「健康」と「経営」の関係

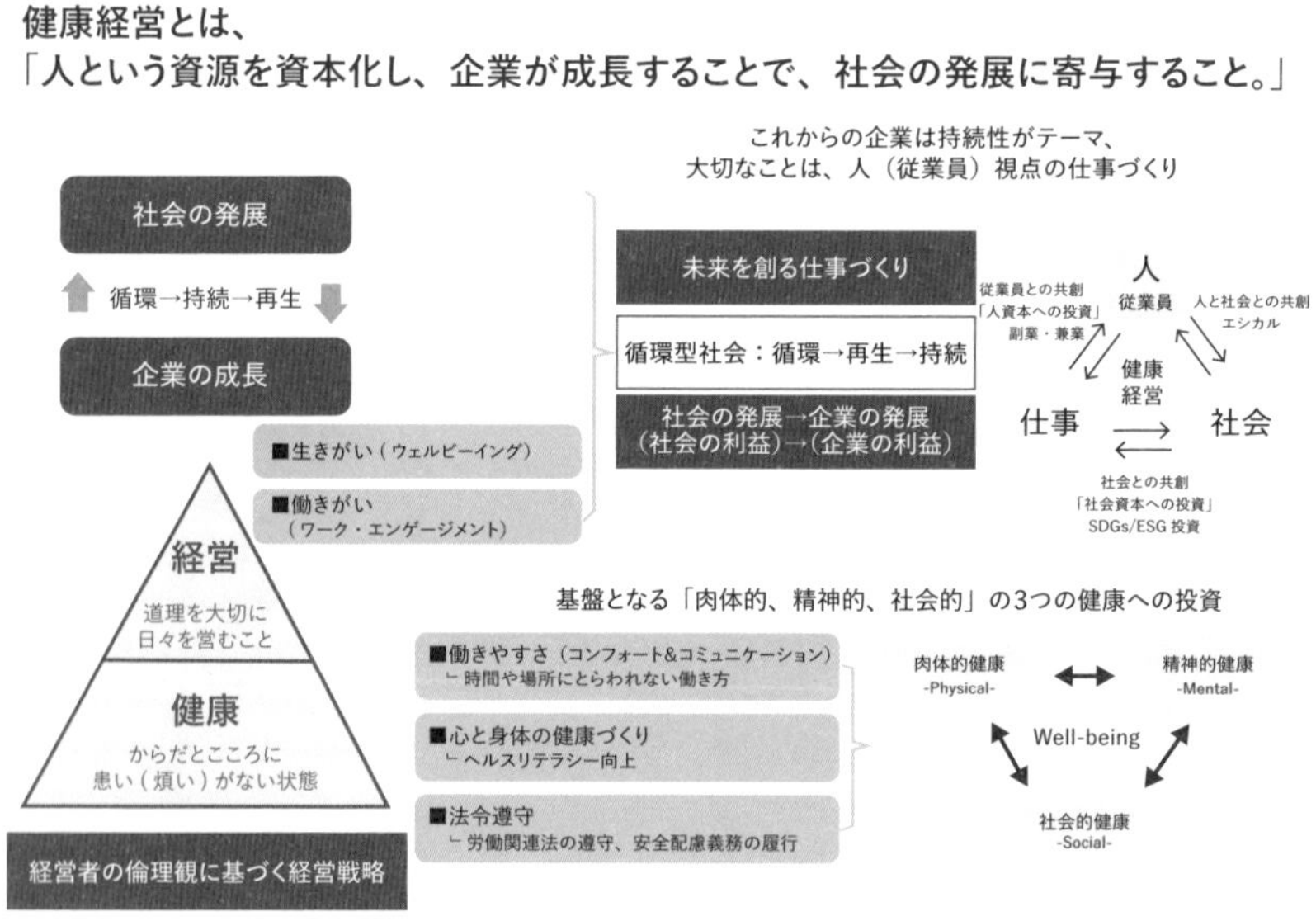

ます（図表1－4）。

このような企業では、法令遵守は従業員の安全と健康を守るための手段として、位置づけられており、さらには、法令遵守の枠組みを超えた独自の戦略に取り組んでいます。そして、そのような企業には、必ず健康経営の目的が、経営理念と経営戦略の中で明示され、そのうえで戦略対象となるテーマや、投資対象となる人がターゲティングされており、かつ対象に合った施策が適切に実行されています。

また、健康経営において従業員の健康問題は、働く場所と、人と人とのコミュニケーションの間に解決の鍵があると捉えています。NPO法人健康経営研究会の岡田邦夫理事長が「生活習慣病は労働環境病だ」と指摘しているように、働く人の健康を高めていくためには、従来の心と身体の健康づくりへの投資にとどまらず、職場の快適さ（コンフォート）と、風通しのいい職場（コミュニケーション）への投資が必要です。つまり、会社で働く人の健康が損なわれている場合には、個々人の自己責任だけではなく、職場環境の改善から働きかける投資こそ、企業の中で新たな価値を生み出すチャンスなのです。

個人の自分ごと化と、組織の自分たちごと化

前述のように、法制化された枠組みの中だけで行われる企業の健康管理は、戦略ではなく施策ベースがほとんどです。安全衛生も働き方改革も、企業の規模が大きくなればなるほど施策が分散し、手段が目的化しています。従業員の人資本価値を高めることを共通目的とした投資をしているにもかかわらず、

結果としてバラバラのテーマに取り組んでいることがほとんどです。このままでは本当にもったいないと思います。

これらの共通項を探り、ひとつの大きな戦略テーマに束ねていく視点が、「ビッグ・ホワイ」です。注意が必要なのは、このビッグ・ホワイは全体の最適化を図ることでの無駄（ロス）をなくすことを目的としてはならないということです。手段をどんなに効率化しても、真の目的である「人資本」価値を生み出すことができなければ意味がありません。最も大切なことは、経営者（層）の倫理感に基づく経営戦略として、それぞれの戦術を紐づけていく視点および取り組みです。

このように健康経営を経営戦略として進めることを前提に考えていくと、多くの企業で、実は「個人の自分ごと化」が進まない理由として、「組織の自分たちごと化」が進んでいないという壁にぶつかっていることがよくわかります。従業員一人ひとりの「個人の自分ごと化」の前にやるべきは「組織の自分たちごと化」で、組織が主体的に健康経営にコミットメントするか否かがポイントになります。「自分たちごと化」と「自分ごと化」が進まない理由は、組織に健康経営に対する理念がなく、その理念に基づく風土が醸成されていないからです。理念や風土がない中でイベントだけが行われていて、そこに参加する理由を誰も説明できず、だからうまくいかないというケースがほとんどです。

もうひとつ、施策の有効性を検証するためには、重点対象者の設定が重要だということです。そもそもどういう人に参加してほしいのかが定まっていないと、「イベントに人が集まらなかった」ということが起こりません。すると、従業員が参加しない理由の検証すらできません。そもそもひとつの施策ですべての従業員のニーズやウォンツを満たす取り組みをつくることはほぼ困難です。誰に（WHO）➡何を（WHAT）➡どのように（HOW）。従来からあるセールス・マーケティングのフレームワークに基づき施策を決定すれば、多くの課題は解決できるはずです。

管理職による風通しのいい会社づくり

「経営者が健康経営に関心を持たない」という話をよく聞きます。ただし、従業員の健康を軽視している経営者は存在しません。話を聞き原因を探ると、経営者と健康経営担当者とのコミュニケーションに齟齬があるケースが少なくありません。

経営者は、会社にとって人が大切であることこそ理解していますが、「なぜ社員が健康であることに価値があるのか」という質問をこれまで受けた経験はほとんどありません。その結果、説明責任を果たしてこなかったということが現状かと思います。今後は、上場企業においては、人的資本の開示により、投資家などから「御社が重視する人的資本経営とは何ですか」という問いが当たり前に発せられるようになります。その結果、経営者にはこの問いに回答する義務が生じます。もしも答えられないようなことがあれば、今まで実践してきた取り組みは、形骸化された投資だったと判断せざるを得ないのではないでしょうか。

また、従業員数が少ない中小企業の場合、経営者はとても大きなパワーを持っています。本来であれば、そのパワーは働く人を支援するために使われるべきですが、間違った使い方をするとハラスメントになってしまいます。中小企業の経営者の場合、よかれと思い、社員の声を聴かずにトップダウンだけで取り組むと、「社長が言うから仕方なく実施する」というようなことが、よく起きています。このような会社でその経営者は、残念ながら裸の王様になってしまっているのかもしれません。

ここで必要なのは、中間管理職が現場の声を聴いてトップとボトムをつなげることです。経営層と従業員の間に中間管理職が介入し、ミドルアップダウンによって、現場には経営層の声を、そして経営層には現場の声をきちんと伝えていくべきです。このような対話ができないと、経営層が間違った戦略を間違った戦術で実行してしまう可能性があります。風通しがよくコミュニケーションがスムーズな職場環境であれば、ミドルアップダウンは難しくないはずです。

健康経営で取り組む施策の意義・目的は、会社によって異なります。たとえば、健康について、私が健康経営企画部長を務める株式会社ルネサンスの場合はフィットネス事業者なので、従業員にはお客様に健康を届けるプロフェッショナルとして、健康づくりに取り組むことを求めています。健康診断結果に基づく対応や、運動の実施、食生活改善、睡眠の向上、禁煙など、健康を目的とした生活習慣改善について、評価制度の中で一人ひとりに対して「健康」に関する目標設定を義務づけています。このように同じ健康をテーマにしたとしても、業によって目的・意義は異なるはずです。一つひとつの施策が、経営者の倫理感に基づく経営戦略になり得るかどうかを考えることが大切です。

「ウェルビーイング」な会社づくりとは

健康経営に関するキーワードとして、「ウェルビーイング」という言葉の意味を知っておくことは、とても大切だと思います。世界保健機関（WHO）憲章の前文には、「健康とは、病気ではないとか、弱っていないということではなく、肉体的にも、精神的にも、そして社会的にも、すべてが満たされた状態」という文言があり、この「すべてが満たされた状態」がウェルビーイングとされています（図表1－5）。

ウェルビーイングをテーマに、健康経営に取り組む企業は、特に従業員の「社会的な健康」の向上にも、目を向けていると言えます。社会的な健康とは、単に心身の病気にならないということではなく、社会資本としての人の育成と快適な職場環境づくりを両立させているという意味です。健康経営も含めて、ウェルビーイングを大切にしている会社が、どのような目的のもとで、具体的に取り組んでいるのかを知ることは、学生などが就職する際に、企業を選ぶうえでひとつの指標となるでしょう。

一方で、最近の学生は、小中学生の頃から授業でＳＤＧｓについて学んでいて、その意義を強く感じています。そのため、学生は「社会への貢献」と「企業の成長」を同時実現している企業を見つける感度が高くなってきていると思います。すでに、現代は高度成長期の企業の発展（企業の利益）をもって、社会の発展をつくる、「生産⬇消費⬇廃棄」の消費型社会は崩壊してきています。これからは、持続可能な社会の発展が、直接の企業の発展（企業の利益）を生み出し、「循環⬇再生⬇持続」のサイクルを回す循環型社会へと世界規模で移行していくことになるでしょう（図表1－6）。ぜひ、学生のみなさんには、解きたい謎

図表1-5　WHO憲章の前文

取り組むべきは、肉体的、精神的、社会的の3つの健康への投資

『**健康**とは、病気でないとか、弱っていないということではなく、肉体的にも、精神的にも、そして社会的にも、すべてが満たされた状態にあること。（WHO 憲章）』

“Health is a state of complete physical, mental and social well-being and not merely the absence of disease or infirmity.”

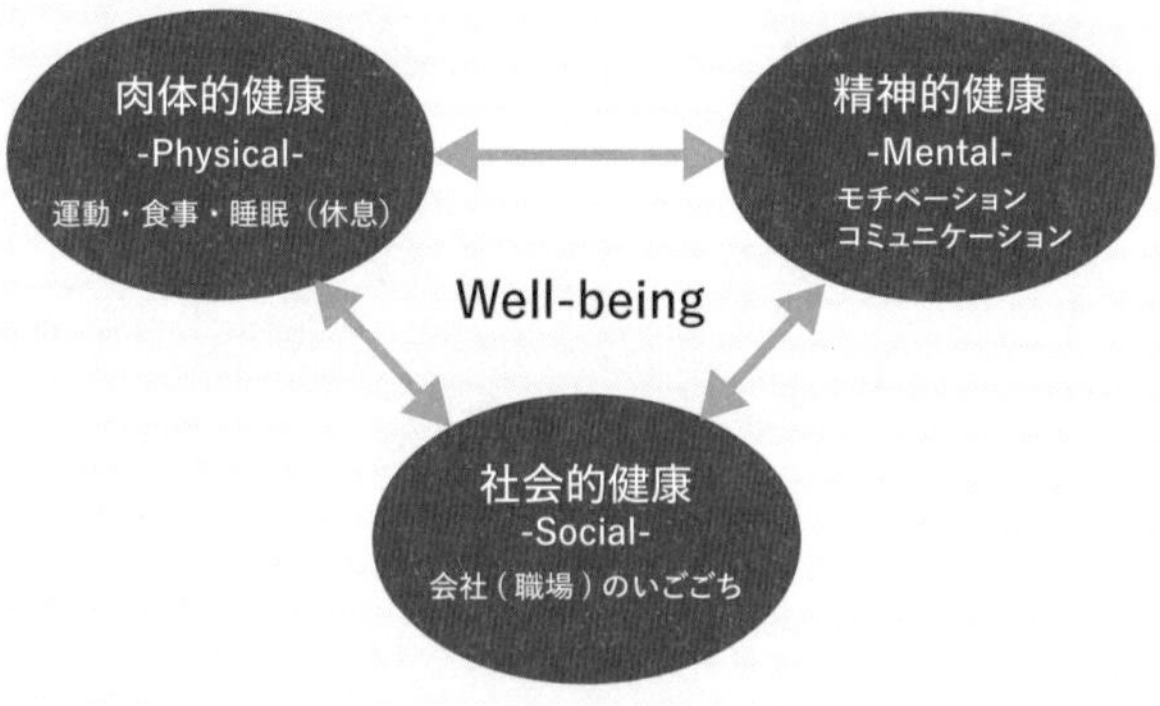

肉体的健康・精神的健康・社会的健康＝人の基礎（Fundamental）

図表1-6　これまでの社会とこれからの社会

社会は消費型から循環型へと転換

必然的に「社会の発展」を起点とする事業創造が必要に

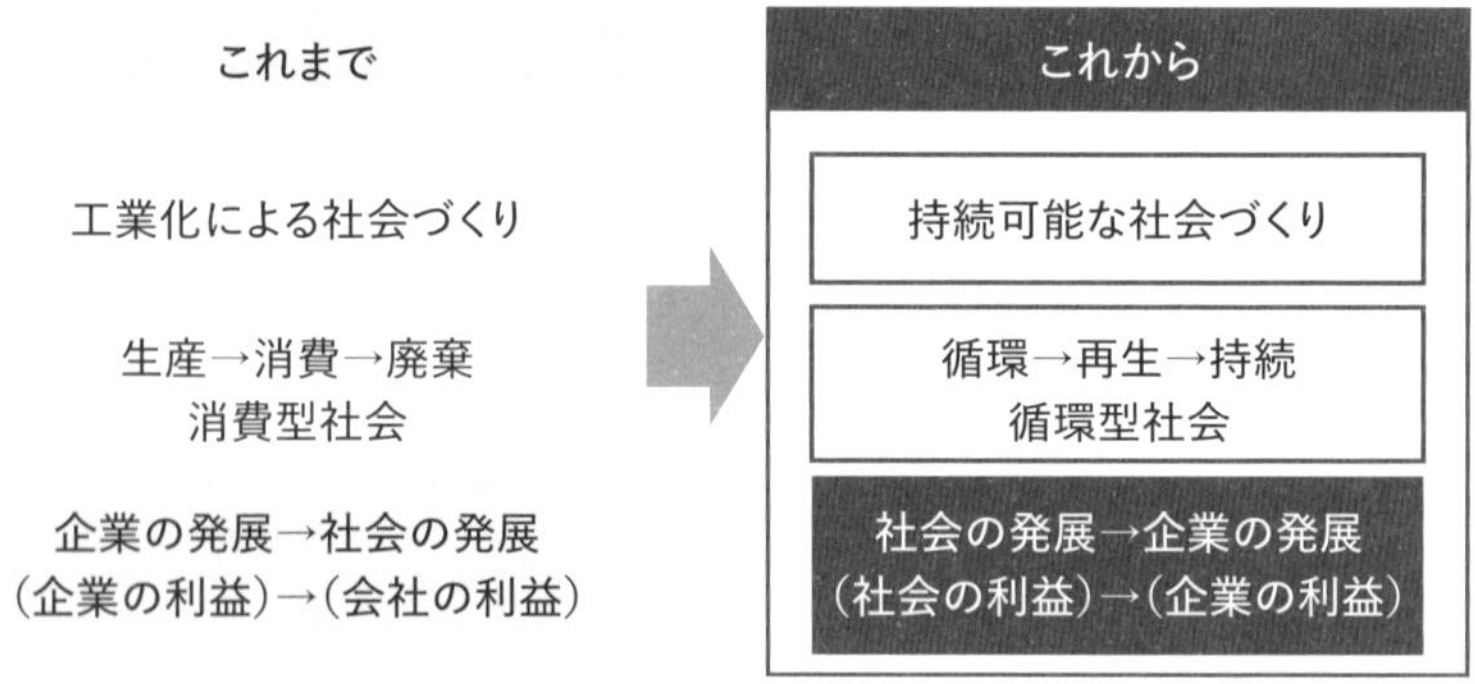

＝発展させたい社会課題を見つけることが、自分自身の「働きがい」と「生きがい」を生み出すチャンスにつながることを理解していただきたいですし、企業には、改めて、「人という資源を資本化し、企業の成長もって、社会の発展に寄与する。」という健康経営が目指す真の意図をご理解していただきたいと思います。

人生100年時代の働き方を考えよう！

これから就職する学生や若手社員が企業に求めていることは、その企業に長く留まることではなく、次のステージへ進むまでにいかに成長できるかではないでしょうか。私たちは今、Human Capital Transformation（通称ＨＣＸ［ヒックス］）という考え方を広く伝えようとしています（図表1－7）。今後は雇用の流動化が加速し、企業の中で兼業や副業が当たり前になり、さらにはフリーランスの人が大企業をパートナーとして働くことが当たり前の時代になっていきます。近年、「ゆるブラック企業」という言葉が生まれたように、給料が安定していて残業もないけれど、成長にもつながらない企業には魅力がないとみなされます。

私は企業の新卒研修の講師をする機会があるのですが、入社して間もない新入社員に「これから働くうえで一番心配なことは何ですか」とアンケートをとると、一番多いのは「老後の生活」という回答です。つまり、働き始めるときから定年後の生活に不安を抱えている若者が多いわけです。

これから大切なことは、生涯にわたって働き続けることができる力をどう磨いていくかを、今から考えていくことだと思います。今後、定年を撤廃する会社も一定以上は増えていくかもしれませんが、こうした企業に就職したとしても、将来は安泰かというと、人生100年時代を迎えていく中では、ひとつの企業で長く務めあげることで価値を生み出すことは一層に難しくなるかもしれません。

心理学者のアブラハム・マズローは、「マズローの欲求階層説」で、人間の欲求を理論化し、ひとつ下の欲求が満たされることで、次の欲求を満たそうとする基本的な心理的行動を示しました。しかしながら、これからの時代に働く私たちは、あえて、下からではなく階層の頂点から考えることで、働くことの目的そのものを見直していく必要があるのか

図表1-7　HCX（ヒックス）とは

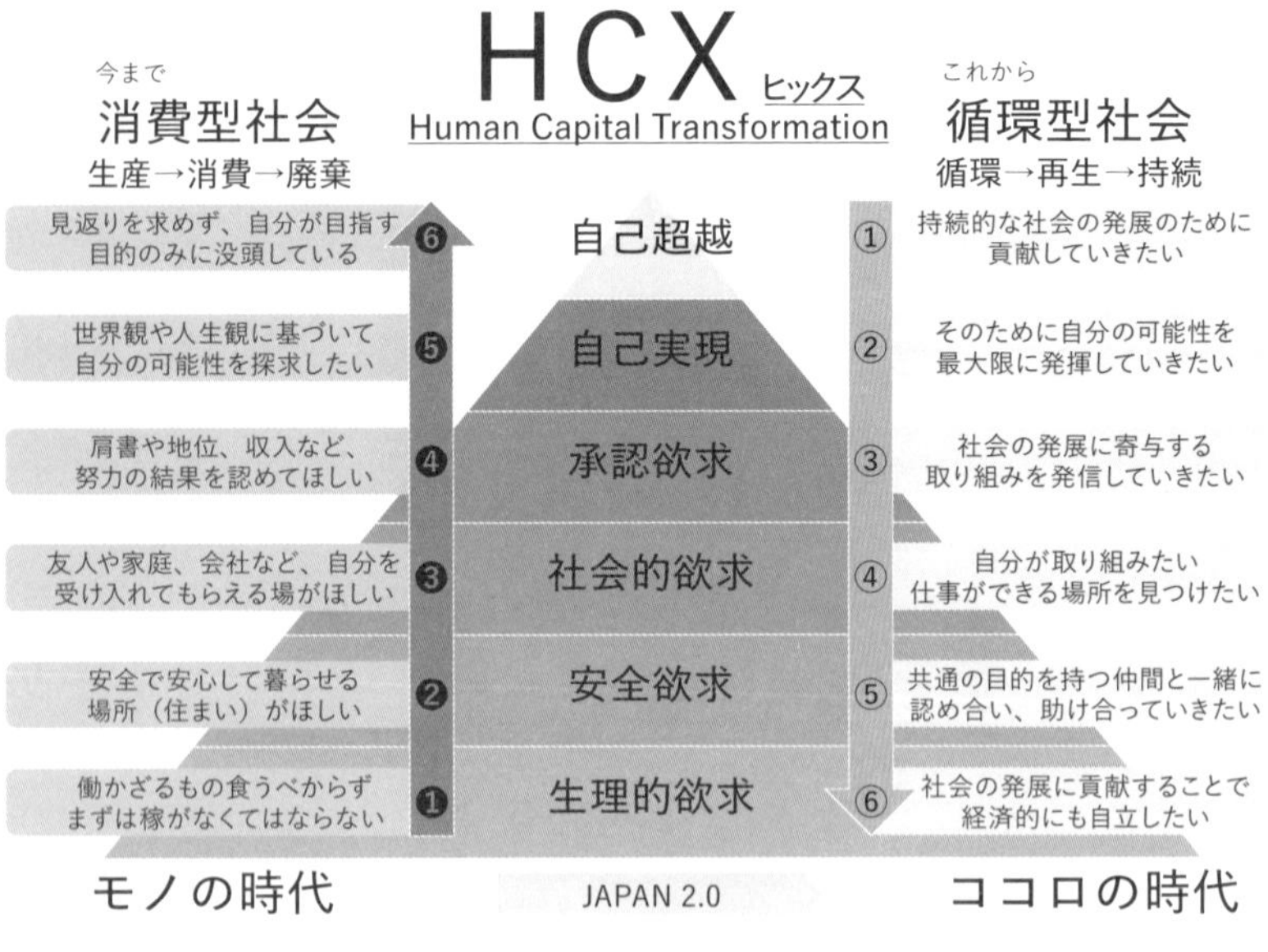

もしれません。

まずは、社会の発展につながる、自分が働きたいと思う、好きな仕事のテーマを見つけること。そのうえで、そのテーマに向けて、自分の可能性を最大限に磨くことができる場所（会社）を見つけること。そして、仕事を通じて、できることを増やし、好きなことを得意に変えていくこと。そして同じテーマの実現に向かう新たなパートナー（会社や仲間）と出会い、さらに共創していくこと。その結果として、自分自身を生涯にわたって成長させていくことで、自立できる稼ぎを得ること。社会と自分のつながりの中で、自分が必要とし、社会から必要とされる仕事を見つけることができれば、結果として、働きがいや生きがいを得ることができるのではないでしょうか。

そして、そのためにも、改めて、「身体の健康」「心の健康」「社会的な健康」の3つの健康が人生の基盤となることも決して忘れてはなりません。

PART 2

アフターコロナの健康経営施策

株式会社ディー・エヌ・エー
CMO、 CHO
三宅 邦明

株式会社ディー・エヌ・エー（以下、DeNA）は永久ベンチャーを自称し、多様な事業を展開するIT企業で、健康経営優良法人「ホワイト500」認定の上場企業です。2016年1月にはCHO室を設立し、創業者で代表である南場智子氏が自らCHOに就任。常駐の産業医・保険医・人事総務部門と連携して「スマイル健康プロジェクト」を推進し、健康経営に取り組んできました。2019年からは厚生労働省出身の三宅邦明氏が後任のCHOとなり、新たな健康経営施策を進めてきました。三宅氏にDeNAにおけるCHOの役割、健康課題へのアプローチ、コロナ禍での具体的な施策などをお聞きしました。

DeNAにおける「CHO室」の役割

DeNAにCHO（Chief Health Officer）室が設置されたのは、2016年のこと。「健康経営」という言葉が世に浸透しつつある中で、いち早くこれに取り組み、社員のパフォーマンスを健康面から支えることをねらいとして、その役割を果たしてきました。

日本国内の企業は労働安全衛生法において、事業場の規模に応じた産業医を置かなくてはならないことが義務づけられていますが、これはどちらかと言えば体調を崩したり、ケガをしてしまったり、社員の健康に何か起こったあとのケアをする存在として必要とされています。これに対し、CHO室の役割というのは健康で一生懸命働けている社員のパフォーマンスをより向上させ、楽しく効率的に働けるよう取り組んでいくこと。病気やケガを治すのではなく、あらゆる疾病予防であったり、CHO室が社員に働きかけることで以前よりもちょっと元気になれるような、そういったところを目指しているチームになります。

「なんだか今日は調子がいいぞ」

「以前よりもよく眠れるようになった気がする」

「最近仕事が楽しい」

株式会社ディー・エヌ・エー CMO、CHO
三宅 邦明

（プロフィール）

1995年に慶應義塾大学医学部を卒業後、厚生省（現：厚生労働省）に入省。医師免許をもつ医系技官として20年以上にわたり勤務。インターネットやAIを活用し、人々が楽しく継続的に健康でいられる仕組みを民間の現場から提供したいという思いから、2019年4月に株式会社ディー・エヌ・エーのChief Medical Officer（CMO）に就任。2020年8月には新型コロナウイルスに関連した感染症対策に関する厚生労働省対策推進本部事務局参与としても活動するなど、多方面から人々の健康に関する取り組みを行っている。2021年4月より株式会社ディー・エヌ・エーのChief Health Officer（CHO）を併任。2022年10月より東京医科歯科大学客員教授を務める。

社員がこのように感じるシーンが増えれば、自ずと仕事の効率も上がり、成果が出しやすくなり、企業として持続的に成長していける……。これから社会に出て働く読者の皆さんも、このような好循環が想像できるのではないでしょうか。

CHO室の設置当初からは当社の代表取締役会長である南場智子が、そして2021年からは私がリーダーという立場で積極的に取り組んだ甲斐もあり、おかげさまで2022年度は6度目となる「健康経営優良法人（ホワイト500）」の認定を取得。「健康経営銘柄」には2019年、2020年と2年連続で選定されています。

ひと口に「健康経営」「健康面から社員のパフォーマンスを支える」と言っても、画一的な取り組みを行っていてはなかなか結果が出ないでしょう。営業マンが多い会社、40代以上の社員が多い会社、男女比率に偏りがある会社などなど、会社の数だけ色がある中で、これに寄り添った施策を行っていくべきだと考えています。

たとえば、当社にはエンジニア職の社員が多く在籍していますので、わかりやすいところで言えばモニター画面を長時間見つめて作業することから発生しやすい眼精疲労であったり、イスに座った姿勢が続くことから発生しがちな腰痛といった健康課題がベースとして存在します。これに加え、健康診断の結果や、月1回実施しているアンケートから社員の生活スタイル、健康課題の傾向を読み解き、施策を考案しています。

データから健康課題を読み解く

コロナ禍を経てリモートワーク中心となった企業も多いと思いますが、当社も例に漏れず、約9割の社員がリモート環境で日々の業務を行っています。

リモートワークが中心になったことで働く人々の生活環境は大きく変わり、子供の送り迎えや食事の時間など家族で過ごす時間が取れるようになったなど、多くのメリットがある反面、社内でのコミュニケーションが希薄になったことに由来する帰属意識の低下、対面でできていたチームビルディング、創造的業務の難易度が増したなど、多くの課題も生まれています。

こういった環境の変化によって、社員の健康にどのような影響が出ているかを知る意味でも、データからその傾向を読み解くことが重要です。健康診断やアンケート結果を集計し、これらを俯瞰して見てみると、「おや?」と気が付くことがいくつも出てきます。産業医・保健師・心理カウンセラーによる面談の相談内容と照らし合わせることで、当社においては概ね図表2－1のような傾向がわかりました。

大きな病気やケガをしているわけではない、いわゆる健康的に働いている社員にも、これだけの健康課題があるのです。これはあくまで当社社員の健康課題であり、A社であればA社の、B社であればB社の健康課題が存在すると言っていいでしょう。

健康課題に関する総括的なデータとして、ひとつのアンケート結果をご紹介します。

「心身ともに絶好調の状態をパフォーマンス100％とした場合、直近1か月の状況は?」

図表2-1　相談内容からわかった社員の健康課題

コミュニケーション	リモートワークの普及により、個人の働きやすさ、生産性は向上したものの、チームにおける働きやすさ、生産性は低下した。特に、人とコミュニケーションを取ることがリフレッシュにつながっていた社員のモチベーション低下が見られた。
フィジカル	通勤がなくなった影響と外出自粛により、1日の歩数が大幅に減少した。以前は1500歩未満の割合が5%程度であったが、約40%まで増加した。食事は健康的に変化するも、運動不足・体重増加（約60%が昨年対比1kg以上増、このうち約40%が3kg以上増）に悩む社員が増加した。
生産性低下に影響のある症状	眠気、疲労感、二日酔い、風邪発熱等の症状は改善したが、腰痛、肩こり、イライラ、眼精疲労を訴える社員が増加した。
その他	全国平均に比べ、脂質異常リスク有症者の割合が非常に多い。30代における高脂血症の全国平均は約5%だが、これに対し当社の30%の社員が高脂血症に該当する。1人暮らしの社員が多いこともあり、朝食を抜いている社員が約半数、栄養バランスの偏りが見られる社員が約70%と高い割合を示している。

という問いに対し、当社社員の平均回答は74%でした。読者のみなさんはいかがでしょうか。これを限りなく100%に近づけていくことが、健康経営の核となる部分ではないかと思います。

それでは、これらの健康課題に対してどのような施策を行ったか、代表的な実例をご紹介していきましょう。

健康にゲーミフィケーションを取り入れる

社員が現在以上の健康を獲得するためには、会社側から施策を押し付けたり、強制するのではなく、社員一人ひとりに能動的に取り組んでもらう必要があります。そのうえで

ヘルスケアエンターテインメントアプリ『kencom』

施策に対し、いかに興味を持ってもらうか、楽しみながら健康になってもらうかという点がひとつのハードルになってきますが、当社はゲームを提供している会社ということもあり、関連会社であるＤｅＳＣヘルスケア株式会社が提供するヘルスケアエンターテインメントアプリ『kencom（ケンコム）』を導入しました。

「楽しみながら、健康に。」をテーマに据えたこのアプリでは、キャラクター育成ゲーム、ログインポイントなどを通して歩数の増加や体重記録の習慣化を目指すことができます。主にリモートワークで歩数が激減したことに対する、運動不足解消に向けてのアプローチです。

『kencom』内では年に2回、「みんなで歩活」というチームイベントが開催されており、これに参加することで個人の歩数を競うだけでなく、チーム間でのコミュニケーションも活性化させることができました。

さらに、これを発展させる形でエンタメ要素を取り入れ、ｅスポーツの事業を行う部署と共同で実施したオンライン運動会「Fit Festa Online」が好評。参加者の合計歩数で世界一周（約２５０万歩）を目指す特別企画には、延べ４００人以上の社員が参加し、開催1カ月間で無事達成することができました。こ

年2回の「みんなで歩活」チームでコミュニケーションも活性化

れをきっかけに参加社員の歩数が飛躍的に向上したのは言うまでもありません。

日頃スマホでちょっとした休憩時間にオンラインゲームのアプリを開くことが習慣化している人は少なくないかと思いますが、まさにそういった感覚で、社員に楽しみながら取り組んでもらうことができました。実施後の社内アンケートにおいても約80％の回答者から「参加コンテンツとして面白かった」という回答を得ることができ、健康習慣の定着や、リモート環境下でのよい社内コミュニケーションのきっかけとなりました。

昨今、ゲームのデザイン要素や原則をゲーム以外の物事に応用することを指す、「ゲーミフィケーション」という言葉が注目を集めています。

「課題が難しすぎず、簡単すぎない」「課題

オンライン運動会「Fit Festa Online」を実施

に取り組む、毎日行うなどで報酬がもらえる」「成果がランキング化される」というような、ゲームで用いられている仕組みにすると、モチベーションが上がり、目標を達成しやすいということで、ビジネスや勉強などに応用する事例が増えてきています。

実施する施策に対して実際に取り組むのは、健康に関心がある社員からない社員までバラバラですから、できるだけ多くの社員に参加してもらうためには工夫が必要です。社員が自ら取り組んで健康になる、その動機づけとしてゲームの要素を取り入れるのには一定の効果があることを、この施策で感じました。

「健康経営」を推進するひとつの方法として、ゲーミフィケーションを上手く取り入れている企業はまだ少ないと思われますが、今後注目すべきテーマと言えるでしょう。

少人数制の施策も多数実施

大人数参加型の施策として『kencom』の導入をご紹介しましたが、これにとどまらず、希望する社員を対象とした少人数制の施策も多数実施しています。

まず、ワークスペースを5分の1に縮小する本社移転に伴い、希望する社員にオフィスチェアを譲渡しました。出社が基本の勤務スタイルであれば、オフィス環境を整える必要がありますが、リモートワークの推進により、オフィスチェアが余ったことを受けて実施したものです。送付時にはデスク環境に合わせたイスの調整方法を記載した案内を同封し、案内に印刷されているQRコードからはイスの調整方法をレクチャーする動画を視聴できるようにしたことで、カラダに負担のかからない業務環境をサポート。

会社で使っている机やイスをよく見ると、体型に合わせて調整可能な箇所がいくつかあるのですが、特に気に留めず、そのままの状態で使っている方は多いと思います。ちゃんとした姿勢を保つための調整を行ってからの使用を促すことで、業務時の負担を軽減することがねらいです。

また、人とのコミュニケーションが希薄になりがちなリモート環境下でリフレッシュできるよう、気軽な雑談の場として専属の臨床心理士が常駐するＺｏｏｍミーティング「ホッとカフェ」を定期開催。臨床心理士と日常からふれあう機会をつくることで、いざというときに専門家に相談しやすくすることや、所属チーム以外の同僚との緩やかな交流を促進することで、心理的な安心感やエンゲージメント向上につなげることが狙いです。

そのほか、快適なメンタル状態を保つための知識やスキルを身につけるためのオンライン講座「自分メンテナンスプロジェクト」や、これもオンラインで行う「肩こり腰痛カウンセリング」などを実施。健康に関心の高い社員にとって、有益な場を提供しています。

健康への意識を高めるPR施策としては、社内にデザイナーが多く在籍している会社の強みを活かし、キャッチーな健康推進ポスターやオンライン会議で使える背景を制作。

オンラインで同僚や取引先との打ち合わせが続くと、少々気が滅入ってしまったり、対面の打ち合わせでないために相手となかなか打ち解けられないといったシーンがありますが、こういった状況を緩和する、アイスブレイクになるような楽しく気づきを与えるクリエイティブを制作することで、健康の話題でなごみながら、楽しく会議ができたりするのではないでしょうか。仕事をしながら健康を意識できるような環境づくりにも力を入れているところです。

ここでご紹介したのは、いずれもリモートワーク下での健康経営施策です。

コロナ前は出社する社員が多かったため、オフィスにパワーナップ（積極的仮眠）がとれる多目的ブースを設置したり、ジムのようなマットレスと全身鏡を配置したストレッチエリアを設けるといった試みも実施していましたが、リモート環境への移行により、オフィスを健康経営施策の場として活用することが難しくなりました。

端的に言えば、食生活改善のアプローチをするために、オフィスで栄養バランスに気を遣った美味しい食事を社員に食べてもらう、というような直接的な施策ができない状況であり、今後もそれは変わりません。

目に見えるわかりやすい施策を行うことが難しい状況の中で、いかに楽しみながら取り組んでもらえる施策を考えていくかが、リモート環境下におけるひとつの課題と言えるでしょう。

当社はゲームの開発や配信だけでなく、野球、サッカー、バスケットボールなど幅広い領域でスポーツ事業を行っている珍しい企業です。ＣＭＯ（Chief Medical Officer）を兼務している私としては、人々の孤独がテーマとなるこれからの時代に、当社の特性を活かす形でそれぞれの領域のノウハウやデータを利用し、連帯感の醸成や、コミュニティづくり、行動変容に影響を与えられる取り組みを形にしていきたいと考えています。

多様性を重視する社会の中で

ＤｅＮＡが創業以来掲げている言葉として「永久ベンチャー」があります。これには、新しい価値を創造して世の中に提供し続ける組織でありたい、企業規模が大きくなってもチャレンジングな姿勢を持ち続けたいという想いが込められているのですが、この実現にあたっては、会社の雰囲気、働く社員、そして社員の家族までが、元気で、笑顔でいられるような状況づくりが必要です。健康経営の実現なくして、永久ベンチャーの実現なし、といったところでしょうか。

しかしながら、組織の規模が大きくなり、そして昨今さかんに社会で言われていることでもありますが、人々のもつ多様性を許容し、また重視していくほど、健康面においてバランスが悪い社員も出てきます。

あえてバランスが悪いと表現しましたが、健康的と言えないからといって能力的に劣っているというわけではなく、実務能力はピカイチでしっかり成果を出している、というような社員もいるのです。

「授業中によくうつ伏せになっているけど成績はトップレベル」

「昼夜逆転生活だが、クリエイティブの才能がある」

「授業もアルバイトもそつなくこなして、プライベートも充実しているようだけど、いつ眠っているのかわからない」

これが例として適切かはわかりませんが、言わば何かに特化したタイプの友人を、これまでの学生生活の中で見たことがあるのではないでしょうか。

先に健康診断のデータやアンケートの結果から健康課題を読み解くというお話をしましたが、平均を取って、これに基づく押し並べた施策をすればよいというわけではありません。全体から見ればごく少数かもしれませんが、一部の社員の困りごとにも目を向けて、解決に向けた施策を実施していく必要があると考えています。

睡眠に難がある社員にパワーナップをすすめることで改善が見られるかもしれませんし、自覚的でないメンタルの不調が、オンラインのセルフメンテナンス講座で改善されるかもしれません。

そういった意味で、女性特有のカラダの不調であるＰＭＳ（月経前症候群）をケアするといった取り組みも、健康経営施策のひとつとして現在検討しているところです。

辛くない人はほとんどストレスにならない、しかし症状が重い人は外出するのも困難、というほど個人差があるＰＭＳですが、症状が重くとも、現在は薬を服用することで上手にコントロールすることが可能になってきています。

数年前の話ですが、なんとなく控えめな人柄だと思っていた同僚の看護師が、薬を服用することで快活な印象になり、仕事のパフォーマンスも上がったということがありました。

ＰＭＳの治療においては、薬を長期に服用することによる副作用に対するぼんやりとした不安や、一過性でない学生時代からの症状ということから治療できるものだという認識が薄い部分もあり、受診の心理的なハードルが高いと言われています。

現代では1、2度外来診療を受けた以後、問題がなければオンライン診療を定期的に受ける形で薬の処方が可能ですので、正しい知識と手軽さを伝えることで心理的なハードルを下げ、初診等への金銭的な補助や軌道に乗るまで一定期間伴走してあげるような仕組みづくりができれば、少なくない女性社員がPMS由来の辛さから解放されるのではないかと考えています。

多くの社員を対象とする施策と並行しながら、細やかな施策を実施することが、より健康的に働ける社員を生み出すことにつながるはずです。

社員の健康は会社の成長に資する

この本を読んでいらっしゃる方は、企業の健康経営に関する取り組みを、就職活動のポイントのひとつとして見据えている方だと思います。

これから働こうという学生が企業に求めるものは人それぞれ異なると思いますが、そんな中で「健康的に働きたい」「社員が健康に働ける会社は業績もいいみたいだぞ」という意識を持たれていること自体が素晴らしいことだと思います。

当社の社員は平均年齢が若いことから、回復力が高かったり、活力にあふれていることもあり、健康に対する意識は、残念ながら低い傾向にあります。しかしながら、現役世代と言われる年齢の幅が年々広がっている中で、早くから健康に意識を向けられていることは、長きにわたって心身ともに豊かな生活を送ることにつながるでしょう。

さて、さまざまな取り組みをしている会社がある中、会社を選択する場面においてどこに着眼すればいいかということを私なりにおすすめすると、「社員の健康は会社の成長に資する」という考えが会社自体に根付いているか、という部分です。

先にお話したように、当社では創業以来「永久ベンチャー」を掲げており、早くから社員が健康で創作的であることをよしとする社風が醸成されてきました。

どの会社も対外的なメッセージを発信されていると思いますので、その中から社員の健康に関連するもの、そして取り組んだ実績を抽出してみてください。

「健康経営」が流行っているから、会社として何かやろうというような気風が読者の目線から見えたり、社員の健康に関する取り組みに予算が割かれていない、パッケージ型の福利厚生サービスぐらいしか主だった取り組みがない、といった企業に細やかな施策を求めても、納得感のある環境は手に入らないでしょう。

日本の企業を取り巻く現在の潮流は、行き過ぎた株主至上主義を見直し、従業員や地域社会のメリットをより重視しようという方向性になってきています。「健康経営」はそのひとつの象徴とも言える動きではないでしょうか。

経済産業省の認定制度である「健康経営優良法人」をひとつの目安として、ぜひあなたならではの目線で興味を持った企業の「健康経営」に関し、リサーチしてみてください。

実際に社員の方と話す機会があれば、直接聞いてみるのもよいかと思います。また、その方がプライドをもって楽しく働けているかどうかをやりとりの中で感じ、自らの指標とすることもできるでしょう。

ぜひフラットな目線で、みなさんの近未来と会社が描いているビジョンが合致するかどうかを照らし合わせてみてください。企業の成長だけがゴールではなく、従業員の満足も同等に企業が目指すべきところであり、この2つをつなぐキーワードが「健康経営」です。ですから、健康経営施策とは、社員と会社の双方にとって中長期的にポジティブな影響を与えるものでなくてはならないでしょう。

長いキャリアの入り口に立っているみなさんが、納得のいく形で就職活動を終えられることを期待しています。

PART 3

こんな会社で働きたい

健康経営トップランナーの実践事例

Company File

Company File

01

第一生命保険株式会社

はたらく人の幸せが
社会全体の幸せにつながる

第一生命ってこんな会社!

第一生命グループは創業以来、お客さま一人ひとりの「一生涯のパートナー」として、生命保険による保障を通じてお客さまの生活の安心を届けてきました。２０２２年に創業１２０周年を迎えるにあたり、「人々のｗｅｌｌ‐ｂｅｉｎｇに貢献し、社会とともに未来を築く」という思いを経営計画に掲げ、人生１００年時代を安心して暮らすことができる資産形成、健康増進、住みやすい地域づくりなどの新しい事業にも挑戦しています。

２０２０年度には、大規模な人事制度の改定を行い、役職や年齢にかかわらず個性を発揮できる環境や、自律的な成長を促す仕組みを整備しました。創業者の「世間の人が喜ぶか、なくてもいいと思うかを考えよ」という考えのもと、変革を恐れない前向きなエネルギーをもって、既存の枠組み、固定概念に囚われず、ベテランと新人が垣根なく互いの挑戦を後押しする風土が息づいています。

第一生命グループの「健康経営」はココがスゴイ

第一生命グループの「健康経営」は、社員のみならず、お客さま、社会全体の健康増進を目指しています。

創業以来の健康増進への取り組み

第一生命グループは、創業以来、生命保険事業を通じて、お客様の生活に安心をお届けすると同時に、健康増進に寄与する経営を行うことで社会的使命を果たしてきました。たとえば、がん・脳卒中・心筋梗塞など心疾患・認知症など長寿医療への対応や、ナショナルセンターとのネットワーク構築などです。

すべての人々の「well-being」への貢献

「人生100年時代」の到来で、平均寿命と健康寿命のギャップという重大な社会課題に直面する中、第一生命グループは今、「すべての人々のwell-beingへの貢献」に挑戦しています。

私たちはwell-beingの定義を、一人ひとりが安心で満たされ、豊かで健康な人生を送ることで幸せな状態でいられることと考えており、中でも「健康」はwell-beingを実現するための大切な要素です。

健康寿命の延伸に貢献すべく、既存の事業領域に留まらない新しい価値を創造していくことは、第一生命グループの社会的使命です。

社員一人ひとりの「well-being」向上

「すべての人々のwell-being」のためには、その担い手である「社員一人ひとりのwell-beingの向上」が何より重要です。社員が健康に、イキイキ・わくわくしながら働くための健康増進施策の促進はもちろんのこと、社員自身がありたい姿へ向けて互いを認め・励ましあいながら、共に成長できるような組織風土が欠かせません。

先行き不透明な時代だからこそ、well-beingな社員たちの存在、そして前向きに課題を乗り越える組織風土が、第一生命グループをたくましく成長させ、ひいては社会の成長にもつながると考えます。

社長 稲垣 精二さん

2023年4月1日付で、
第一生命保険株式会社の
代表取締役会長・社長を変更いたします。
詳細は下記からご覧いただけます。

第一生命保険株式会社 会長・社長交代について

社内で評判の施策ベスト3を紹介！

File 01 楽しみながら健康になれる QOLismアプリ

第一生命では、健康保険組合と会社が協力し、社員の健康増進を図る取り組みを続けてきた実績があります。約6万人の社員の9割が女性社員でもあるため、乳がん検診の受診率向上に力を入れています。全国に検診車を走らせ受診しやすい環境を整備すると共に、2018年からは無償化を実現しました。毎年20～40名の早期発見につながっています。

スマートフォンのアプリを用いた健康チェックで、社員の意識の醸成にも早くから取り組んできました。2021年には、グループ会社が開発した健康増進アプリ「QOLism（キュオリズム）」を導入。このアプリは、企業や健康保険組合をはじめとする団体向けに提供されているものです。日々の歩数や体重、食事の記録ができるのはもちろんのこと、アプリ上で開催されるさまざまな健康イベントに参加することで手軽に楽しく健康づくりに取り組むことができます。

人事部健康増進室と健康保険組合を兼務する清水宏子さんは「健康増進の効果につなげるためにはアプリの利用頻度を上げることと継続的な取り組みが重要」だと言います。そこで、第一生命では、アプリの利用にインセンティブを付与することで、社員が楽しく自身の健康に向き合える仕組みづくりをしています。

健康ポイントを貯めて商品と交換

楽しみながら素敵な商品をGET！

「QOLism」は健康的な生活習慣＝「健康リズム」が自然と身につくアプリです。理想の姿や目標体重など、アプリの質問項目に答えるだけでAIが自動で目標を作成し、自分専用の運動・食事メニューを届けてくれます。毎日の取り組みはシンプルなので無理なく目標達成を目指すことができます。第一生命では社員が楽しく健康増進に取り組むことができるように、インセンティブ（ヘルスケアポイント）を付与しています。年間最大16,000ポイントを貯めることが可能です。1ポイント＝1円に換算し、電子マネーやヘルスケアグッズなどと交換できるのが魅力です。

QOLismアプリで元気に働く土台づくり！

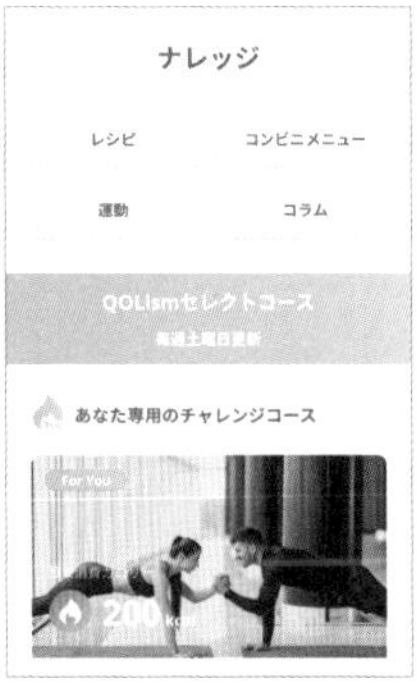

1 運動

「歩数の記録」は、ウェアラブルデバイスやスマホアプリと連動が可能です。継続的に取り組みやすく、「1日4,000歩＝5ポイント」から貯まります。

またアプリ上でウォーキングイベントも開催され、気軽に参加できるため、平均歩数の増加やコミュニケーションの活性化にもつながっているようです。

その他にもアプリの中で、5分以内でできる動画が盛りだくさん！　動画を最後まで見ることでポイントが貯まります（5ポイント／日）。毎日ちょいトレするだけで、体が整うと好評です。面倒くさがり屋さんでも、ぱっとできて、継続しているようです！

2 食事

「食事の記録」は、自身の食生活の傾向と課題を把握するうえで効果的です。

食事やおやつをカメラで撮影したり、レシピから検索することができます。撮影した画像を解析し、カロリーを自動計算する機能もあり、記録することでポイントも付与されます（6ポイント／日）。その他、「コンビニ食堂」では、コンビニで買える「おいしく・楽しく・健康に」気を遣ったメニューを紹介！　実は隠れファンが多く、大好評です。毎週、管理栄養士さんが実際のコンビニ商品で組み合わせたメニューをQOLismのために選定してくれています！

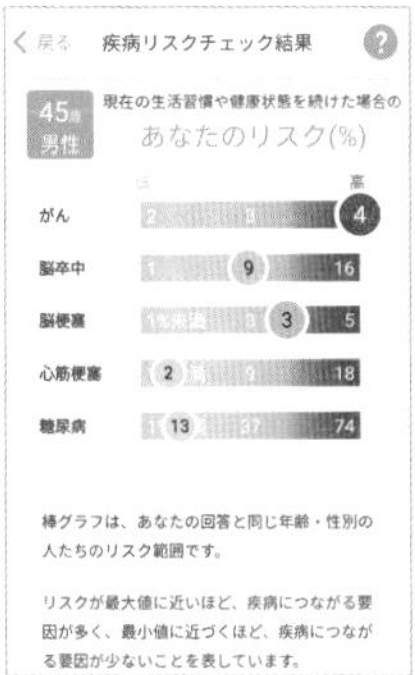

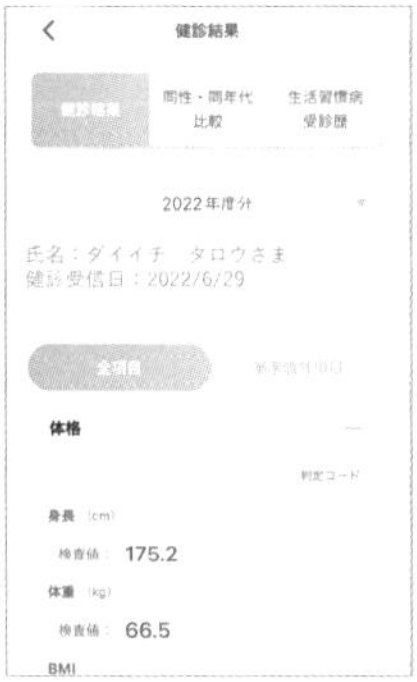

3 健診結果の確認

定期健康診断の結果は通知書（書面）のほかに、「QOLism」でも確認することができます（100ポイント／年）。過去の健診結果も保存されており、手軽に数値の変化を確認できることが特徴です。また、健診結果と生活習慣などに関連する質問に答えると、将来の「がん・脳卒中・脳梗塞・心筋梗塞・糖尿病」の疾病発症リスクの予測値も確認できます（200ポイント／年）。

File 02 チーム対抗ウォーキングやヨガセミナーで社内コミュニケーションも推進

第一生命では、以前から事業所ごとの自主的な健康増進を推奨しており、その運営費をサポートすることで活動を盛り上げる取り組みを行ってきました。「たとえば、函館支社美原営業オフィスでは講師を招いてヨガ教室を開いています。職場のコミュニケーション活性化にもつながったととても好評です。社員の声を反映した企画であることが人気の秘訣です」と語るのは清水さん。また、全社を対象に開催したオンラインヨガセミナーでは「みんなの前でポーズをとるのは恥ずかしい、といった方も自宅から参加でき、誰かの視線を気にすることなく思いっきり体を動かすことができる点が参加者の満足度が高い理由だと思っています。ヨガにはマインドフルネスの効果もあり、体だけでなく脳のリフレッシュにもつながります。今起きていることに注意を向けることで不安な気分を解消し、集中力や創造力を高められるので、仕事にも大いに役立っています」と、人事部健康増進室の竹田桂子さんも続けます。

ほかにもアプリを使って禁煙にチャレンジしたり、「自分で立てた健康目標に3カ月間チャレンジする」という取り組みを行っている事業所もあるそう。

さらに、地域と連携したウォーキングイベントへの参加や、歩数分のポイントと環境保護活動で貯まるエコポイントの合計数に応じて地域社会へ寄付する活動も全国で行われています。

講師を招いて
みんなでヨガに
チャレンジ

普段のコリも
ストレッチで

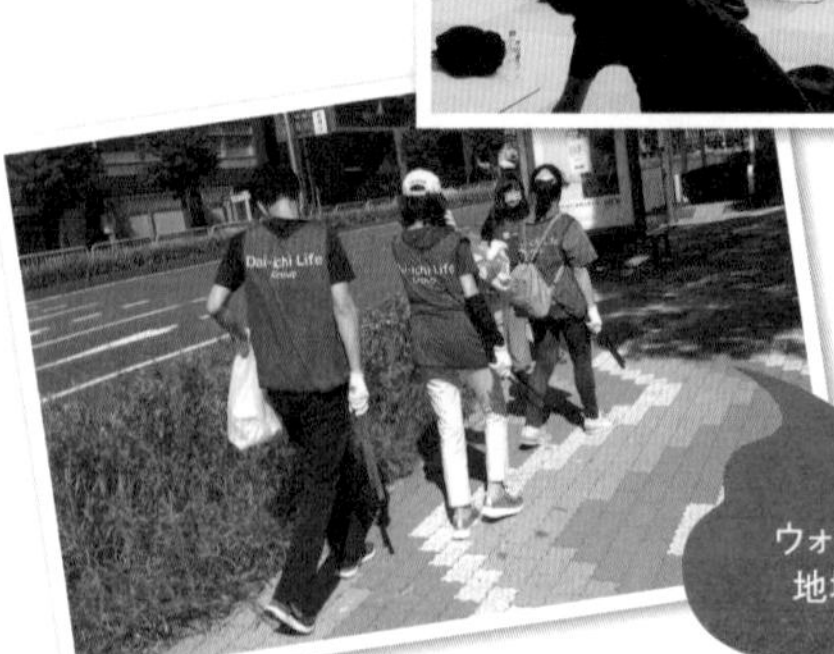
ウォーキングで
地域に貢献!

File 03

健康増進をテーマにした研修・セミナーの人気は「睡眠改善」「健診項目の見方」

全国の事業所では、社員およびお客様を対象とした健康増進がテーマの研修やセミナーが開催されています。グループ会社の第一生命経済研究所の講師が、病気の予防や生活習慣、栄養の知識やエクササイズの指導などを行っています。

「開催費用は健康保険組合が負担するので参加費は無料です。当社は9割が女性のため、社員研修で人気が高いのは『乳がん』『子宮の病気』など、女性の健康に関するもの。お客様も参加できるセミナーでは、『快眠生活で健康に美しく』をテーマに、睡眠改善と健康・美肌のアドバイスが好評でした。毎年、新たなテーマも取り入れていて、『健康診断項目の見方』を社員研修で行ったところ、高い注目を集めました。自分の健康診断の詳細を知ろうとする意識の高まりを感じ、健康増進への関心が根付いてきた手応えを感じています」

研修やセミナーも、支社の会議室での対面受講とオンラインによる個人参加も可能なハイブリッド形式で実施。お客様も対象とするセミナーも自宅からのオンライン参加が可能です。

また、会社の産業医や保健師による研修も毎年実施しています。新入社員を対象に食事や睡眠などをテーマにした研修や、全社員を対象にメンタルヘルスや治療と仕事の両立、感染症対策をテーマとした研修が行われています。

研修・セミナーに参加した社員の声

01 (関西マーケット統括部)

健康診断への関心が高まった

これまで健康診断の結果は何となく見るだけでしたが、「毎回の健康診断結果は残しておき、変化を見逃さないことが重要」だと知ることができました。

02 (岡崎支社)

乳がんは早期発見が大切だと理解

「乳がん」の原因や症状を知り、セルフチェック、検査内容、治療方法などを体験談を交えて聞くことができ、その早期発見・早期治療の大切さを実感できた。

03 (豊橋営業支社)

生活習慣病を我が事と実感

生活習慣病予防の秘訣「一無(禁煙)」「二少(少食・少酒)」「三多(多動・多休・多接)」を自覚し、周りの方にも伝え、生活習慣病の予防につなげたいと思います。

04 (カスタマーファースト推進部)

すぐに実践したくなる食の改善方法

免疫機能を整えるため、「食事に何をプラスすればよいか」の具体例を身近なコンビニ食材も含めて説明。「今日からすぐに取り組みたい」という行動につながりました。

上がる仕事のフィールドはココ！

**本社オフィスは働きやすさを
重視したリノベーションを実施。
社員がイキイキ働ける
ヒミツをお届けします!**

私がご案内します

人事部 人事課採用グループ
飯野 睦生さん

point 01

話題のメニューやご当地グルメで 社員食堂のランチタイムは発見がいっぱい

毎日、迷う人続出のメニューサンプル。小鉢も用意され栄養とボリュームの調整も可能。

11時から13時のランチタイムに使える食堂では、ＡＢＣのメインメニュー３種にカレーまたは丼ものと和麺、さらに中華麺とパスタが日替わりで用意されます。それだけでも毎日飽きることなく通うのが楽しくなる充実ぶりですが、メニュー担当者が毎月いくつかのスペシャルメニューを考案。札幌の「スープカリー」といったご当地グルメや「トマトの麻婆豆腐」などアイデアが秀逸な一品も登場します。社員に一番人気があるのは、実は「唐揚げ」。定番メニューも美味しいという点が、通いたくなる社員食堂の実力を物語っています。

毎日通う場所だから、健康増進の場としても活用されています。「健康増進月間」には週替わりで「減塩」「食物繊維」「カリウム」などをテーマにしたメニューを提供。食と健康、生活習慣について食べて意識できる機会となっています。家でメニューを再現する人もいるそうです。

モチベーションもパフォーマンスも

point 02

オフィスで本格的なコーヒーが楽しめる

CAFE
営業時間は、
8時30分から15時。
ほかの部署の人と
の会話も生まれる
場所です。

社員食堂のフロアには、軽食やお菓子、飲料を揃えたセルフレジの売店が併設。さらに、本格コーヒーが味わえるカフェスタンドがあります。こだわりの豆をひいたコーヒーや、各種茶葉を揃えた紅茶、エスプレッソなど、充実したメニューのラインナップです。第一生命本社では、一部業務を除き、固定デスクをなくしたフリーアドレス化を実施しています。**朝の出勤時、このカフェに立ち寄り、お気に入りの一杯を注文。その香りを楽しみながら、今日はどこで仕事をしようかと歩く姿や、仕事の合間に気分をリフレッシュしに訪れる人が絶えません。**ほぼ毎日ここに通う飯野さんは、ブラックコーヒー派。「本格的な味と香りは格別です。売店はお菓子も豊富。選択肢が多く、ちょっとした買い物も楽しめる。そうした時間は、気分転換に最適です」

point 03

毎日新鮮な気分で仕事ができる フリーアドレス、フリースペースの職場

フリーアドレスに伴い多様な共用スペースを設置。業務内容に応じて自由に働く場を選ぶことができるのと同時に、本社外の社員の来訪時の交流の場にも活用されています。社員自身が自分に合った働き方を考え、発展させていくことが期待されています。**他部署とのチームを超えたコミュニケーションは、互いの仕事の新たな可能性や協業のアイデアにつながることもあって、**セレンディピティが生まれるきっかけになっています。
「もともと垣根のない社風に、1時間単位で使える有休やこうした社内環境の整備もあって、働き方を自律的に決める意識が高まっています」（飯野さん）

ほかにもいっぱい!

社内で評判のwell-beingな取り組みを聞きました

**第一生命では幸せを感じる働き方が盛りだくさん！
社員のみなさんにイチオシの取り組みをお聞きしました。**

イノベーション推進部 イノベーション開発課
（Dai-ichi Life Innovation Lab）
吉村 奈保さん

約6万人の仲間と一緒に考える

所属する「Innovation Lab（通称：ラボ）」では、well-beingも重要なテーマとして幅広く研究。お客様、そして約６万人の社員から意見をうかがいアイデアを磨きます。大切なのは、働く私たち自身が手触り感をもって確認し、考えること。そのために社員参加を募る取り組みも多く実施しています。社員同士で議論する中でwell-beingの奥深さを感じつつ、新しい技術も活かして、お客様にお届けできる形を探っています。

団体保障事業部 団体保険商品企画課
濱島 有沙さん

企業の健康経営のサポートが人々のwell-beingにつながる

企業向けの商品開発を担当する中で、健康経営の要素を取り入れ、健康経営優良法人認定に対する「健康経営割引」や、個々の従業員の健康づくりインセンティブにもつながる「団体健診割」を開発しました。また、優良法人認定取得サポートなどの付帯サービスの提供も行うことで、企業の健康経営を支援しています。団体保険のお客様である企業を介して、働いている従業員の方の健康増進や福利厚生の充実につながる社会的意義のある仕事だと実感しています。

経営企画部 ヘルスサポート事業開発室
内藤 昂さん

行動変容を促してwell-beingを実現する

健康増進アプリの提供を通じ「運動・食事・カラダ」に関する行動変容を促し、人々のwell-beingの実現に貢献しています。社内で行っているアプリ完結型の「チーム対抗ウォーキングイベント」では、１万人を超える社員が参加し、所属・役職を超えて強い絆が生まれています。所属部署では「医療費増加」「生命寿命と健康寿命のギャップ拡大」など社会課題の解決に資するサービスを開発し、さらなる事業拡大にも取り組んでいます。

業務部 業務人事課
大城 祐也さん

上司が勧めてくれた育児休暇が貴重な体験に

「人生の大きなライフイベントだから」と、上司から育児休暇の取得を進められました。約1カ月間の育休を分割取得し、妻とふたりで育児に携わり、一緒に子供の成長を見守り喜び合う経験ができました。最初は、会社に迷惑をかけないかと不安がありましたが、上司や同僚がサポートと応援をしてくれたことで、すぐに安心して育児に専念。「人」に向き合う会社の伝統を実感すると共に、感謝の気持ちを育児にも仕事にも込めていきたいと思いました。

契約サービス部 収納保全サポート課
片山 明香さん

フルリモート勤務でワークライフバランスを整える

育児休暇から復帰する際、通勤時間の関係から時短勤務を選択。その後、フルリモートの勤務が整備されたことを機に選択。フルタイムで仕事に従事しながら、家事・育児との両立ができるようになり、オン・オフ共に心身にゆとりを感じながら働けるようになりました。地方にいながら挑戦してみたかった本社業務に就けたことで視野が広がり、自身の成長にもつながっていることを日々実感しています。

株式部 投資調査室
舘野 弘樹さん

副業の活動で得た経験を仕事に活かす

副業制度を活用して臨床心理士の資格を活かした講演や講話などを行っています。これまで、カウンセラー団体主催のセミナー講師、認知症カフェでの講話などに取り組んできました。会社の外でさまざまな出会いがあり、人前で話すことへの慣れや、自分の思い・考えを相手に伝える方法など、仕事でも活かすことができる相乗効果を日々実感しています。

大阪府阪南市役所
清水 裕美子さん

企業版ふるさと納税（人材派遣型）を活用したキャリアローテーション

生命保険業での「課題解決」に従事するやりがいに加え、子育てを通して地域とのかかわりが増える中で、「社会課題」への関心が大きくなっていきました。一人ひとりのお客様に向き合う保険の仕事と異なり、自治体の仕事は360度を見渡し、つながり絡み合う課題に目を向け、さまざまなアプローチで取り組む必要があります。キャリアローテーションを通じて社内では経験できないことを学ぶことができています。

02

Company File

NTTデータ先端技術株式会社

NTT DATA
NTTデータ 先端技術株式会社
好きと得意を伸ばせる！
自分らしいキャリアを選べる！
いつでもいきいきできる新しい働き方

NTTデータ先端技術ってこんな会社！

ＮＴＴデータ先端技術はＮＴＴデータグループの一員として、１９９９年に創立された会社です。社名の通り、日進月歩のＩＴ技術で常に先端をいくトップランナーとして知られています。テクノロジーを熟知した社員の技術は評価も高く、プロフェッショナルな集団として金融・公共系の顧客をはじめ、さまざまな企業で情報システムの構築・運用、セキュリティの提供、ＤＸ導入の支援など幅広い貢献を果たしています。

健康経営には、厚生労働省が奨励を始めた２０１６年より早くから取り組み、経済産業省と日本健康会議が選定する健康経営優良法人の「ホワイト５００」にも認定されています。また、テレワーク推進の取り組みも評価され、「テレワーク先駆者百選」にも選ばれるなど、働き方の変遷、ニューノーマルへの対応でも先端をいくパイオニアです。そんな会社を訪ねると、「働きがい」を高めるさまざまな秘訣がありました。

健康経営の軸はコレ！

「健康管理」「就労環境」「人事制度」3つの施策で社員のやりがいとやる気を高める

会社としてまず考えたのは社員と家族の健康第一

　前述の通り、いち早く健康経営に取り組んできたＮＴＴデータ先端技術。その旗振り役を担ってきた、人事総務部ウェルビーイング経営推進担当のみなさんは「健康でないと十分に仕事もできない」という思いから取り組みを始めたと話します。

　健康に関する施策で核となるのは、ＮＴＴデータグループで保有する社員の安否確認用デジタルツール。コロナ禍を経て週に１回、保健師や産業医とも連携のうえ、社員や家族の健康をメールで確認できる仕組みを構築し、心身の不調について、予防も含めた心配りでケアしています。

テレワークをするための環境整備も手厚くサポート

　コロナ禍が従来の仕事の形を変えたのは周知の通り。出社せず自宅からリモートで働く機会が増える一方、備品をはじめ就労環境は個々人で整えることが多いのも実情です。

　そんな中、ＮＴＴデータ先端技術は「社員が自宅で働きやすい環境を整えるための施策」として、机や椅子といった什器からＰＣ周辺機器、果ては観葉植物に至るまで、さまざまな商品を自分で選んでレンタルできる仕組みを整えました。新卒の新社会人には特にうれしいこの制度、社内での評判も上々です。

専門性や技術力も重視する人事制度で働きがいを

「働き方が変わる中、社員にとって大事なことは何かと考えたとき、働きがいという言葉が出てきました。社員が健康で仕事でも成長でき、働きがいのある会社になるために、新しい人事給与制度も進めています」

　ＩＴの専門知識や高度な技術を有する社員は会社の宝。次ページでは社員が働きやすさとやりがいを感じられる人事給与制度を紹介します。

人事総務部ウェルビーイング経営推進担当メンバー

人事部長
に聞く!

NTTデータ先端技術でいきいきと働けるヒケツ

キャリアにも
多様性を!

人事総務部 人事総務担当
担当部長
鈴木 聡さん

一番輝ける場所が見つかる多様なキャリア選択

「以前は、役職に就くなどマネジメント力の発揮度合いに応じて処遇を変える人事給与制度をとっていました。ところが当社は、技術で社会に貢献する会社なんです。したがって専門性や技術力を持っている人がたくさんいます。そこでその技術力や専門性も評価する人事制度に変えました」

そう話すのは、人事総務部人事総務担当部長の鈴木聡さん。従来の評価軸であるマネジメント力を縦軸（M軸＝Management Band）に残し、新たに技術力・専門性の発揮度合いを横軸（S軸＝Specialty Band）として加えた評価基準をつくったことで、一人ひとりの希望に合ったキャリアの描き方ができるようになったと言います。

MとS、いずれかの軸を伸ばしても、あるいは両方伸ばしても昇給につながるこの仕組み。社員からは「安心してS軸を伸ばせる」という声も聞かれるそう。「組織やプロジェクトをマネジメントする必要性から、M軸は大切な要素です。一方、S軸は若手社員から出てきた案でもあり、社員の要望が反映できています。さらによい制度にしていきたいと思います」

多様なキャリアプランを描ける
新人事制度に刷新

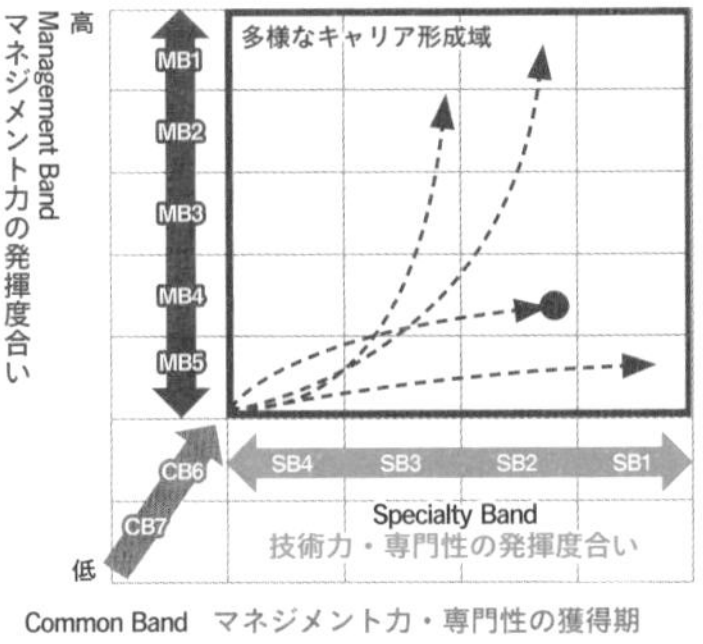

「好き」「得意」を伸ばせる学びの機会がいっぱい

1,000人超の社員を擁するNTTデータ先端技術。技術系、営業、総務などさまざまな職種がある中、各々の専門分野で専門家委員会を立ち上げて、勉強会を行うなど能力の向上に努めています。

「技術系の勉強会では、技術者交流を行うなどしています。たとえばマイクロソフトのAzureとアマゾンのAWSといったクラウドサービスの違いについて、専門家から話を聞いたり、アドバイスをいただいたりもしています。刺激にもなりますし、昇格者が増えるなど成果も実感しています」

教えて先輩!

NTTデータ先端技術の働きがいはどんな感じ？

IT技術の最先端でバリバリ働く先輩に、具体的な仕事の内容、やりがいのほか、会社の働きやすい点についても聞きました。

ソフトウェアソリューション事業本部
デジタルテクノロジー・
インテグレーション事業部
クラウドインテグレーション担当
山田 健太さん

Q. 普段はどんな仕事をしていますか？

お客様の企業が新しいＩＴのシステムをつくりたいというときに、たとえばアマゾンのＡＷＳなどクラウドサービスを使ったシステムの開発や構築を一緒になって考えたりしています。今の現場ではお客様先にテレワークで常駐という形を取っていて、他社の50～60人とチームを組んで働いています。

Q. 今までどんなキャリアを歩んできましたか？

中途で入社して7年目です。その前も同じ業界で仕事をしていました。前職ではＩＴインフラの中でもネットワーク寄りの仕事をしていて、途中からクラウド技術を中心にやってきました。クラウドは便利であるがゆえに見えない部分もあるので、上司とも相談してもう少し根幹的な技術を勉強し、今またクラウドに戻ってきたところです。

Q. これからどんなキャリアを歩んでいきたいですか？

会社が技術面も評価しようという人事給与制度になっているので、引き続き技術的な部分は伸ばしていきたいです。マネジメントの面で言うと、今は現場のチームで10人ぐらいを見ているので、その人数を増やしたり、携わる現場を増やしたりして、多くの人数を率いて仕事ができるよう自分を高めていきたいと思っています。

Q. 仕事で一番やりがいを感じたエピソードはありますか？

お客様からの難しいご要望に対して、先方が考えてもいなかったような技術と方法でそれを達成し、感謝していただけた瞬間ですね。具体的にはスケジュール的に厳しい仕事も、従来のやり方とは異なる方法で自動化を提案してスケジュール内に収めたことなどです。当社は技術力を売りにしていますので、そういう部分でやりがいを感じることが多くなっています。

Q. どのような施策・制度に働きやすさを感じていますか？

今は基本的にテレワークで、完全にフレックスになったのでワークライフバランスが取りやすく、とても働きやすいです。業務もクラウドサービスを中心に扱っているため、基本的にテレワークで完結できています。制度面では技術力が評価されるようになったので、やりがいを感じます。技術的なところを伸ばせば評価されるので、モチベーションアップにもつながります。

に潜入しました！

NTTデータ先端技術の
月島オフィスには誰もが気軽に利用でき、
社員間のコミュニケーションにも一役買う
多目的スペースがあります。詳細を紹介します。

設計担当者に
聞きました！

人事総務部 人事総務担当
吉永 和彦さん

社内勉強会にも
使われる
スペースです

基盤ソリューション事業本部
プロフェッショナルサービス事業部
プラットフォームプロフェッショナル担当
小林 元気さん

コロナ禍を逆手に取った新しいワーキングプレイス

春には隅田川の桜が窓一面に広がるコラボレーションスペース。設計を担当した人事総務部の吉永和彦さんは、この空間に持たせたテーマのひとつを「組織横断」と話します。

「当社のビルは各階で組織が分かれているため、別の階の人たちとの交流が少なかったんです。そこで社内交流の空間としてつくりました」

構想自体は2018年からあったものの、当時は執務室も1人1席の固定式で空間的余裕がありませんでした。

それがコロナ禍を経て座席がフリーアドレスになり、空間の創出が叶った

2021年4月に完成!

コラボレーションスペース

というのが事の成り行きです。このスペースの使い方は自由自在で、ランチを楽しむグループがいれば、仕事をする人、果てはマッサージチェアでまどろむ人もいて、過ごし方は人それぞれです。

「ゾーニングはゆるやかで、スペースによって照明の雰囲気を変えています。同じ資料をつくるにしても、場所が変われば気分転換できますし、通りがかった人との会話で着想が得られることも。コラボレーションスペースと銘打ったのは、そんな狙いもあるんです」

レイアウトも変幻自在 社員が集う理想の空間

新卒2年目の小林元気さんのお気に入りスペースは「靴を脱いで上がる小上がり部分」。同期の小栗美優さんは「コーヒーやホットチョコレートを片手に、同僚と過ごす」ことが多いそう。カフェの中央部分はすべての家具がキャンプギアとなっていて、イベントを行う際は平場に早変わり。オフィスコンビニのメニューは管理栄養士監修の品々で、健康サポートも万全です。

ハイバックシートは集中作業をしたい人に好評。

小上がりは疲れたときに靴を脱げる憩いの場。

無料のコーヒーは環境負荷の少ない農園産のもの。

春は隅田川沿いの桜がきれいです!

小栗 美優さん
サイバーセキュリティ事業本部
セキュリティイノベーション事業部
マネージドセキュリティサービス担当

隅田川沿いの窓際席は、桜並木の特等席。

全社の約8割がリモート 不安なく働けるのはなぜ？

リモートでの勤務が日常となった今、その就業環境はどのように整えたのか。人事総務部の吉永和彦さんにリモート環境の現在を聞きました。

選べるレンタルでリモートに物理的なサポートを

「まず考えたのは、リモート環境で求めるものは何かということです。そこで集中して効率よい作業を実現させる施策に取り組みました」

かくして誕生したのが、自宅で仕事をする際に足りないものをレンタルの形で支援するアイデアです。外部のリモートワーク環境整備プラットフォーム「リモートＨＱ」を導入し、机や椅子、ＰＣ周辺機器から観葉植物まで、約１万点のアイテムから自分で選んで借りられるそう。

「借りられる数に上限はありますが、社員は無料で利用できます。リモートＨＱには専門相談員もいますので、環境に合わせた助言も受けられます」

気分を変えて働くときにはサテライト&シェアオフィス

「そのほかの施策としてはサテライトオフィスを開設、民間シェアオフィスのサービス利用も開始しました」

サテライトオフィスは、月島本社を中心に４カ所開設。場所は社員が多く利用する沿線で、あえて下り電車で行けるところにしたと言います。

「コロナ禍でもあり、都心へ向かうより下り電車で行ける場所を探した結果、船橋、横浜、立川、大宮にサテライトオフィスを置きました。シェアオフィスは全国展開のサービスと提携し、社員はそのどこでも利用可能です。自宅で集中できないときや、少し環境を変えたいとき、会社とは異なる環境を用意して、サポートしています」

リモートHQで快適な作業環境が実現。

執務室をフリーアドレス化&ペーパーレスを推進!

PICK UP!
オフィス改革

働きやすさ×やりがい　その根本は健康にあり！

健康経営に欠かせないのは、社員の健康管理と手厚いケア。その施策について、ウェルビーイング経営推進担当の川崎誓子さんにうかがいました。

社員が健康であるために会社が行う細やかなサポート

NTTデータ先端技術では、社員の健康課題をより細やかに把握するため、法定の健康診断項目を上回る内容で健康管理を図っています。その取り組みの成果もあり、定期健康診断の受診率は100%達成を維持しているそう。川崎さんは手厚いケアの内容を次のように話します。

オフィスコンビニには健康志向の品々が並ぶ。

「まず30歳、35歳、そして40歳以上の社員に人間ドックとがん検診を提供しています。30歳以上の女性社員には婦人科系の検査も提供します。それ以外では、腫瘍マーカーなどオプションで1万円以内の検査が誰でも無償で受けられる仕組みです」

人間ドックの内容も独自に項目を加え、たとえば50代以上の男性なら前立腺がんの検査が無償で受けられます。

「要精密検査となった場合も、費用は会社が全額負担。精密検査は放置されることがないように保健師さんの指導があり、検査は勤務時間中に勤務扱いで受けていただけます」

そのほか、メタボリックシンドロームなど生活習慣病の軽減に向け、スマートウォッチを全社員に貸与、社内には健康増進器具を置くなど、健康への心配りがうかがえます。

毎年暮れに盛り上がる健康関連イベントとは

「健康にまつわるイベントも産業医の講話をはじめ、ヨガや肩こり防止のセミナーを行うなどしています。ユニークなのは、毎年年末頃に行うウォーキング大会です。全社員のスマートフォンに万歩計の機能が付いたアプリを入れているので、それを使って1カ月の歩数をランキングするのですが、実際に集まらなくても、上位5名や飛び賞の方には賞品も出て盛り上がります」

新卒の就活生も注目？気になる年休の取得状況

健康的な就労に欠かせないワークライフバランスへの取り組みも抜かりなく、年休の取り方も柔軟になっています。

「当社は10月に年休が付与されますが、9月末までに消滅してしまう年休がどれだけあるかは管理職に通知されます。したがって、管理職から部下に休暇を取るよう指示が届くんです。年休は時間単位でも取ることができます」

いきいきと働ける理由を若手社員に聞きました！

NTTデータ先端技術はどんな会社で、どんな点が働きやすいか。実際に働く人たちの生の声を聞きました。

人事総務部
ウェルビーイング経営推進担当
柴田 開仁さん

私は新卒採用を担当していますので、その観点からお話しを。新卒の新入社員には３カ月間の研修があり、オンラインと出社のどちらかを選べます。当社の研修は技術的なことも多いので、そんなときは出社にすると質問もすぐにできるでしょう。

配属後２年間はOJT期間です。多くの企業と違って、当社では１人に２人のトレーナーがつき、手厚くケアしますので安心して入社できる職場だと思います。

サイバーセキュリティ事業本部
セキュリティイノベーション事業部
マネージドセキュリティサービス担当
小栗 美優さん

私の所属する部署には、長く働いている女性を中心とした「セキュリティ女子部」という気軽な集まりがあります。ここで男性が多いIT業界でどうキャリアを築いてきたか、また出産など女性ならではのイベントがあったとき、どう仕事と両立させたかなどの体験談を聞いています。

新卒２年目の私にとって、女性の先輩たちの声はとても励みになっています。


私は今３歳の息子がいますが、時短制度があることで子育て中でも非常に働きやすいと感じます。当社の時短制度は期間が長く、子供が小学校を卒業するまで取れるんです。この間の就労時間は最短で４時間、最長で７時間となっていて、30分刻みで変えられるのも魅力です。それを月ごとに変えられるので、自分と子供と家庭のバランスを調整できます。当社は男性の育休取得率も高いです。

人事総務部
ウェルビーイング経営推進担当
福島 奈津子さん

私は経験者採用なのですが、前の会社と比較して年休を取りやすいと感じています。有休、年休の消化率が社内で目標化されていて、会社としての配慮があるんです。

また、コロナ禍を経て完全なフレックスになったので、非常に働きやすいです。家で仕事をしているときに、家族が急に体調を崩しても、有休を使わずに病院へ連れて行ったりできますし、柔軟に仕事ができる環境です。

ソフトウェアソリューション事業本部
デジタルテクノロジー・インテグレーション事業部
クラウドインテグレーション担当
山田 健太さん

テレワークと出社を選択できるのが働きやすいポイントです。社内サークルも充実していて、私は旅行サークルに入っています。サークルは他部署の人と話す機会が持てるので、仕事で連携することになっても、知っている人がいてやりやすくなる利点もあります。

基盤ソリューション事業本部
プロフェッショナルサービス事業部
プラットフォームプロフェッショナル担当
小林 元気さん

CHOメッセージ

NTTデータ先端技術が目指すウェルビーイング経営

従来の健康経営から、一歩進んだウェルビーイング経営へ。社員の幸せを重視する新しい取り組みを、CHOの赤羽美和子さんにうかがいました。

社員一人ひとりの「働きがい」を育む施策

当社は健康経営にいち早く取り組み、社員が健康で安心安全に働ける環境づくりを進めてきました。現在は健康経営の枠を超え、心身共に健康で「幸せ」という気持ちを持ちながら働けることを、当社なりの「ウェルビーイング経営」と名付けて推進しています。

社員一人ひとりが健康であることが会社の財産で、それが会社の発展につながるという方針のもと、社員の健康保持・増進、メンタルヘルス対策、福利厚生の施策を充実させて健康経営を進めてきました。そしてこの数年、新型コロナウイルス感染症により働き方が大きく変わり、新しい働き方を模索する中、これまでの「心身共に健康で働く」というところからもう一歩踏み出して、「社員の幸せ」とは何かを考えるようになりました。

そこで出てきたのが「働きがい」という言葉です。こうした経緯で、健康経営をベースにしながら一歩先の「幸せに働く」を加えたウェルビーイング経営を推進するようになりました。この考えのもと、社員がいきいきと働けるための取り組みを継続し、その結果として持続可能な社会に貢献することを目指しています。

ウェルビーイング経営の背景にあるもの

社会への貢献という言葉の背景には、「技術が社会に果たす役割は大きい」という考えがあります。IT技術により、生活はより便利に楽しくなりました。加えて、気候変動への対処、情報格差の解消、就労機会の増加など、さまざまな社会課題の解決に果たす役割も大きいと言われています。

そうした中で、当社で働く一人ひとりが仕事を通じて技術を磨き、「会社は自身の成長を実感できる場所」と捉え、働きがいを感じてほしい。社員がいきいきとしてくれれば、モチベーションも仕事の質もおのずと上がってきますよね。その結果、お客様や社会から信頼されれば当社の事業も成長し、持続可能な社会への貢献が叶います。それが私たちの誇りにつながり、好循環を生み出すというわけです。そのような観点のもと、ウェルビーイング経営を推進したいと思っています。

従来の健康経営から一歩先へと進みます

取締役常務執行役員
CHO、CRO、CFO、人事総務部長
赤羽 美和子さん

Company File

03

パナソニックITS株式会社

社員のワクワク感を高めて モチベーションや生産性をアップ!

パナソニックITSってこんな会社!

２０００年設立のパナソニックITSは、カーオーディオやナビゲーションシステム、ディスプレイメーター、ＡＤＡＳ（先進運転支援システム）などの車載機器を設計・開発する技術者集団です。日夜進歩するカーエレクトロニクスの領域から、ドライバーにクルマを運転する楽しさや安心・安全を提供する企業として知られています。

２０１６年から社員のモチベーションや生産性の向上を目的とした社内改革に着手し、２０２１年には健康経営を推進する「健康部会」を発足。社員発信で展開される多種多様な施策は好評を博しており、「健康経営優良法人２０２２（大規模法人部門）」において「ホワイト５００」の認定を取得しました。

移動に困らない地域社会の創造を目指した、北海道室蘭市との連携でも注目を集めている同社。近年は新卒採用に注力し、社員の平均年齢は約37歳と活気にあふれています。

社員の意見を反映したボトムアップ型健康経営

管理統括部
大井 要さん

管理統括部
馬場 祐輔さん

働きながらワクワクできる社風の醸成に成功

パナソニックITSの健康経営は、2016年に経営層が変わったタイミングから始まりました。健康にかかわる事柄に限定することなく、社員のモチベーションアップを目的としたさまざまな施策が発案され、これを推進すると共に社内の活性化が進んでいったそうです。

社員の声を直接社長に届けられる仕組みづくりや、若い世代の採用強化・社内の活性化により、社員間のコミュニケーション頻度が上がり、働きながらワクワクできる社風の醸成に成功。さらには「ホワイト500」の取得に向けて健康部会が発足し、より社員の健康に対する意識が高まっていきました。

健康部会の尽力でスピーディーに認定取得

健康部会発足以降は社員が楽しみながら取り組める数々の施策を行い、1年で「ホワイト500」を取得。社員から発案された企画も実現するなど、健康推進の取り組みをボトムアップで積極的に実施しています。

健康部会ミーティングや四半期ごとに行われる総合朝会、社員が発行する『健康推進ニュース』などで、健康経営に関する取り組みの進捗を定期的に全社でシェア。そうすることで健康部会の取り組みが社内に浸透し、効率的な健康経営の推進につながったそうです。魅力的な取り組み内容は次ページをご覧ください。

若手社員に聞いた!

パナソニックITSの健康経営はぶっちゃけどう?

「パナリンピック」など、無理なく社員が取り組める施策を通して、健康に対する意識づけを行ってくれているのはありがたい限りです。多くの施策が継続的に実施されているので、社員の健康を考えてくれている会社だと日々実感しています。1カ月で4kgほど体重を減らすことができたのは、会社のおかげです！

開発センター
後藤 孟毅さん

睡眠に関するセミナーなど、もともと自分の中で興味があった領域の情報を会社側から発信してくれているのがうれしいです。バラエティに富んだ施策の中には「Mayuyoga」など、社員からの企画が採用された例もあり、画一的でないボトムアップ型の取り組みも実施しているのがとてもよいと感じています。

開発センター
釜坂 小菜見さん

在宅勤務中も定期的に情報発信があり、身体を動かすモチベーションが高まりました。社員の健康維持に多方面からアプローチしてくれるため、とても助かっています。私は会社がすすめる宅配の健康食事サービスを利用していますが、一人暮らしだとどうしても偏ってしまいがちな食生活が改善しました。

開発センター
西島 海渡さん

従業員
満足度アップ!

モチベーションが上がる施策の数々を一挙公開!!

01 MAKE X HAPPY

会社をよりよくするためのさまざまな改革を社員自ら発案して実行する取り組み。全社員を5名程度のメンバーで約100チームに分け、意見交換し、出てきた提案を直接社長にプレゼンします。このプロジェクトから会社イメージの「Ignite The Spirit. — 情熱に火を灯せ。」が生まれ、新たな休暇制度が創設されるなど、社員の発案から企業文化が形づくられています。発案から実行に至るまで、意思決定がスピーディーなのも魅力です。

02 パナリンピック

当社では、身体を動かすイベントを総称して、「パナリンピック（パナソニックとオリンピックを掛け合わせた造語）」と呼んでいます。夏季には体力チェック、秋季には取引先企業も参加するウォーキングイベントを実施しています。

任意参加ながらも、参加率は約9割に達し、気軽に健康を意識できる取り組みとして好評を博しています。ウォーキングイベントは個人・組織ごとにランキングを発表しますので、高いモチベーションを保ちながら取り組むことが可能です。

03 オフィス改革

広々としたフリーアドレスエリアが好評です。オフィス内に設置された約30台のデジタルサイネージには、イベントや研修・セミナー報告、各種告知などの情報を映し出し、スムーズな情報共有を図っています。オフィススペースの一角には、集中して仕事に取り組める個室・半個室のブースを設置しているほか、体組成計や血圧計、エアロバイクなどの健康器具を用意したスペースもあり、出社時や休憩時などのスキマ時間に活用して、手軽にリフレッシュできるように設計されています。

別フロアには倉庫として使われていたスペースをリノベーションした研修施設「教育Do-Jo」や休憩スペースがあります。

04 健康セミナー

睡眠、お酒との付き合い方、食育、健康な状態を手に入れるための自己啓発など、健康に関するセミナーを年4回実施しています。

テーマは社員の健康診断の結果から健康課題を読み取ったうえで選定しており、在宅勤務で乱れがちな生活習慣を改善するのに役立っています。

セミナーはすべてオンラインで実施しています。自宅やオフィスなど、場所を問わず気軽に受講できるのもポイントです。

07 ITS Farm

休耕地だったところを、有志社員の手でイチから耕し、農園づくりを行いました。開園は2022年９月で、さまざまな農作物を育てています。
農園は会社から徒歩で約8分の距離にあり、広さは800㎡ほどあります。敷地内に農具が用意されており、手ぶらで訪れても作業ができます。休日には家族連れの社員も訪れ、運動不足の解消はもちろん、お子さんと一緒に土に触れるよい機会となっています。

08 夏祭り・クリパ

社員と一緒に家族も参加できる「夏祭り」と「クリスマスパーティー」を開催しています。各家庭にはデリバリーの食事を提供して、オンラインで会話をしながら食事や余興を楽しみます。日頃、社内で顔を合わせている社員同士だけでなく、ご家族なども交流できるようにして、温かみが感じられるイベントをつくりたいと考え、企画しました。豪華景品が当たる抽選会は、毎回大いに盛り上がります。

09 ロボコン・バベル

2016年からは、「ロボットコンテスト」に参加。当社ならではの高い技術力を活かして、全国大会で好成績を収めました。テレビ番組『創造バトルバラエティ・バベル』に出演したときは、段ボールで製作した巨大なゴーレム像の強度を競い、見事対戦チームに勝利しました。こうした社外の活動は当社のPRに貢献しています。

05 Mayuyoga

週２回実施しているオンラインヨガレッスンです。ヨガインストラクターの資格を持つ社員が講師となり、上半身のストレッチやヨガポーズなど、初心者でも気軽にできる１回３分間のレッスンを行っています。イベント開催時には50名以上の社員が受講したこともありました。グループ企業の社員も受講するなど、幅広い社員に親しまれている取り組みです。

06 部活動

野球、テニス、ゴルフ、バスケットボール、eスポーツ、お花の会など、約10種の部と同好会があります。

各部活動は健康経営を推進する以前からあったもので、部員数に合わせた活動費が会社から支給されます。世代や部署の垣根を超えた、社員同士の相互理解の場として活発に活動しています。

健康部会メンバーに聞いた！ 健康経営のリアル

パナソニックITSの健康経営を推進する核となっているのが、2021年に発足した健康部会。多種多様な企画を実施し、健康に関する情報発信を続けるメンバーに、各施策に対する現在の率直な想いをうかがいました。

部会が一丸となって
協力しています

開発センター
布 弘志さん

健康経営の取り組みで驚いたこと

「健康」とひと口に言っても、500人以上の社員一人ひとりの意識が異なる中で、これに対し働きかけ、結果を出さなくてはいけないという健康部会のミッションは大変なものだなというのが第一印象でした。しかし、実際に部会が動き始めると、各種施策への社員の参加率も高く、「ホワイト500」を取得できました。取り組みがスムーズに社内へ浸透したのは、私が思っていたより健康に関心の高い社員が多かったことが一因ではないかと驚きましたね。

開発センター
島田 和徳さん

健康部会の活動でうれしかったこと

これまでかかわる機会がなかった他部署の社員と交流しながら、健康経営に取り組めたのが一番うれしかったです。また、企画したイベントに多数の社員が参加してくれたことにやりがいを感じました。「体力チェック」「ウォークラリー」「ヨガ」などさまざまな企画を実施する中、軽い気持ちで企画した「健康川柳」には、予想を大きく上回る330句の投稿がありました。やはり反応があるとうれしく、健康部会の活動の中でも印象深い企画になりました。

Qualis部
高野 雅夫さん

やりがいを感じる瞬間

各企画への参加率が高く、実施後に行ったアンケートで「いい企画だった」「続けてほしい」という温かい意見をいただけた際にやりがいを感じました。参加した社員の生の声に触れられたことが活力につながったと思います。社員の喫煙率低下を目的として実施した「卒煙インタビュー」という企画では、日頃接する機会のなかった他部署の方に話を聞くよい機会にもなり、印象に残っています。

開発センター
下島 圭悟さん

健康経営の推し施策

四半期ごとにウェブ上で『健康推進ニュース』を発行していて、業務の合間に読んでいただくことで、社員の健康に関する意識向上に一役買っています。記事の内容は、イベント告知や実施報告、トレーニングジムや任意検診の紹介など。休憩の際などに社員同士の会話が弾むきっかけになっていると評判もよく、パナソニックITSの健康経営に欠かせない取り組みだと感じています。

情報システム部
岩城 巧さん

健康経営、社員に対する想い

私の担当は健康経営に関するホームページの編集・更新作業です。ホームページをきっかけに、社員同士のコミュニケーションの輪が広がってほしい、身体だけでなく心も健康になってほしいという思いで取り組んできました。情報を発信するうえで努めていたのは、わかりやすく、ワクワクするようなコンテンツづくりをするということ。社員からポジティブな反応をもらえると、やはりうれしいですね。

Qualis部
芦田 雅人さん

健康部会の活動で苦労したこと

一番気を遣っているのは、年間を通して情報発信やイベントの企画などを絶えず実施していくということです。散発的な施策では社員からの注目度が下がってしまうため、活発な部会となるように取り組んできました。そんな中、飯島常務が健康に関するメッセージを毎月所感で社内発信していただいたのはうれしかったですね。トップ（経営層）と社員が一丸となって取り組めたことが、今日につながっていると思います。

モチベーションが高いのか

現経営陣に変わってから行った社内改革により、活気あふれる社風へ生まれ変わったパナソニックITS。そのきっかけや具体的な施策、今後の事業展開について、田辺社長と飯島常務に意見を交わしていただきました。

右）代表取締役社長　**田辺 孝由樹**さん

北海道室蘭市出身。1997年パナソニックITSへ入社。日米欧でカーナビをはじめとする車載インフォテインメント分野での開発をグローバルに手掛ける。2020年より現職。米国マサチューセッツ州立大学Lowell校経営学修士の資格を持つ。

左）代表取締役常務　**飯島 春樹**さん

東京都八王子市出身。1995年パナソニックITSへ入社。入社以降、一貫して車載向けソフトウェア開発に従事。プログラミング・機能設計・アーキテクチャ設計と技術を積み上げ、2018年からは全社の統括技術責任者を担当。2022年より現職。

部長合宿から始まった社内改革

田辺　２０１６年10月まで、私は6年半ヨーロッパに赴任していたのですが、帰国した際、社内の雰囲気に違和感を抱いたことが社内改革のきっかけでした。当社は、パナソニックグループの中でも開発を担っている会社ですから、「新しい何かを生み出そう」という活力にあふれていなければならないはずです。しかし、最前線で技術開発を行っているんだという自信が失われているように見えました。

飯島　当時は今に比べて休職者が多かったり、離職率が高かったりと、数字から見ても元気がなかったですね。

田辺　その後、２０１７年4月に私が代表になり、会社を元気にしていきたいということで、さまざまな取り組みを推進していきました。

飯島　最初に取り組んだのが、当時の部長を集めて行った合宿です。

田辺　どんな企業風土にしたいのか、各々が考えていることをざっくばらんに打ち明けて、社員のモチベーションをどのように向上させるかを語り合いました。たとえば、「仕事の報酬ってお金だけじゃないよね」といったテーマなら、能力が高く、成果をあげた社員には自分の好きな仕事を選べる状況をつくるといった具合です。

飯島　当社は量産設計のプロフェッショナルである反面、自分たちで事業を計画してモノを売るというような直接的

パナソニックITSの社員はなぜ

な成果が見えにくい会社でもあります。しかし、そこも考え方ひとつで、私たちがいるから業界内での競争優位性を保てているんだという実感を社員一人ひとりが得られれば、よい形でマインドセットができるのではないかなど、発展的な意見がたくさん出ました。

田辺　傍から見るとすごくカッコいい仕事をしている会社なのに、当時は会社全体として自分たちが何者なのかを見失っている状態にありました。そのため、会社や仕事の魅力をわかりやすく提示していこうということを社内改革の基礎として据えたのです。実は「健康経営」もその一環で、実際に働きやすい環境づくり、社員の健康を重視する取り組みを推進する中で「ホワイト５００」を取得できれば、社員が胸を張ってパナソニックＩＴＳで働ける理由のひとつになるという考え方から実践しています。

飯島　合宿を行ったのが今から約６年前になりますが、その頃から推進してきたことが、少しずつ形になってきているなというのが今の状況ですね。会社を変えていこうとスタートを切る段階で、まず合宿で上層部が腹を割って話し合い、意識を固められたのはすごくよかったなと改めて感じます。

モチベーションアップのカギは「ワクワク感」の醸成

田辺　これから成長しようというときに、「課題があるから頑張れ！」と社員に発破をかけるだけでは、窮屈になってモチベーションが上がるはずもないですよね。人は、今よりもよい未来をイメージできれば、自然とやる気が生まれてくるものです。どうやって社員をワクワクさせようかなということを考え、実践してきた結果が現在につながっています。

飯島　社員一人ひとりが、「ウチの会社すごいな！」と胸を張って毎日を過ごすことができれば、仕事に対する意識が前向きになり、業務効率化や離職率の低下など、よい影響が出てくると考えていました。とはいえ、よいアイデアを出していくのには苦労もありました。

田辺　「今日、金の卵産んだ？」ってよく飯島さんに声をかけていましたよね。私の出身地である北海道室蘭市の産官学民で連携して行っている「夢プロジェクト」もそのひとつで、まったく新しい事業として、地方都市におけるモビリティを核としたＤＸ推進にチャレンジしています。２０２０年に室蘭市と協定を締結し、現地にオフィスを創設。２０２１年に経済産業省のＭａａＳ推進事業に選定され、２０２２年にはビジネススクールも開講するなど、私たちの技術を活かした次世代の地方創生・街づくりを社員がリアルタイムに感じられる状況が生まれています。

飯島　ネットニュースやＹｏｕＴｕｂｅなどのＳＮＳ、テレビ、新聞、さまざまな媒体を通じて、自分たちの会社が取り上げられていたり、話題になっていると、やはり会社や自分たちの技術力に誇りが持てるようになってきます。

田辺　ロボコンの出場やテレビ番組『バベル』の出演もそう。先ほど飯島さんからあったように、直接的な成果や社会貢献の姿が見えにくいからこそ、こういった活動にも注力して、社員のモチベーションアップに寄与したいというねらいがあります。

飯島　最初の３～４年はこのように新しいことへどんどんチャレンジしていくんだという姿勢を根付かせる意味で、田辺さん自身が広告塔になり、社内外を動き回っていました。

田辺　今はその役割を飯島さんにバトンタッチしているという感じです（笑）。

若い世代の採用強化で、活気あふれる社風に

飯島　採用を大幅に強化したことも、社内の雰囲気を変えることに大きく貢献しています。

田辺　私たち役員が直接大学を訪問し、学生と話しながら会社の魅力を伝えていきました。

飯島　やはり比率で言えば会社説明に役員が来る企業は少なく、それだけで興味を持って話を聞いてくれるケースが多々ありました。

田辺　この5年間における新卒採用で、約２００人が入社しました。もともと４００人ほどの社員がいたところに、20代の若者が２００人も入ってくれれば、組織も活性化され、活気のある会社に生まれ変わりました。

飯島　新しい人財を積極的に取り入れた結果、今は毎月の社内報で「結婚しました！」「赤ちゃんが生まれました！」という喜ばしい報告が多く見られるようになりました。

田辺　僕らが入社した頃のような活気が戻ってきたという感じがしますね。

飯島　採用強化と同時期に20代前半の社員が中心となってイベントの企画などを行う「若人の会」が発足しました。これも会社に活力を生み出す組織として機能しています。

田辺　「3年目までは一人前と呼べません。だからその分、若手社員は元気で会社に貢献してほしい」という私の想いに呼応する形で、「ウォーターサバゲー」「フットサル」「花見」「運動会」など、ベタかもしれませんが社員が楽しめる各種イベントを3年目までの若手社員が企画・実施していきました。

飯島　若手社員が企画したイベントということもあって、当初から参加率が高く、こういった取り組みからも社内の雰囲気が徐々によい方向へ変わっていきましたね。

パナソニックITSの社員はなぜモチベーションが高いのか

自らが社会課題を解決できる会社へ成長していく

田辺　今後は設計開発の会社だからと社内に留まって仕事をするのではなく、自分たちが積極的に社会へ出て、人とかかわりながら仕事をしていくという経営スタイルにステップアップしたいと考えています。

飯島　お客様が感じている不満を解消したり、社会課題を解決する案を練り、ダイレクトに製品へ反映できることは、実際に開発を行っている私たちの強みです。２０２２年度から積極的に社外へ打ち合わせに出かけたり、新たな提案を行う機会が増えています。２０２５年には、室蘭で実証実験を行っているカーナビゲーションシステムの技術を活用した廃棄物収集の効率化や、乗り合いタクシーの運用など、地方都市における公共交通の活性化に貢献したいというのが今の目標ですね。

積極的に
社会とかかわり
ながら事業展開を
行っていきます

田辺　私たちが新たにやろうとしているのは、地方都市における持続可能なプラットフォームをつくることです。人口減少や厳しい経済状況の中で、地方で生まれた人がその土地で就職し、一生を終えられるような仕組みづくりを行っていかないと、大都市圏への一極集中がますます加速していくことになります。

パナソニックの創業者である松下幸之助が示した「物心一如」という考えがあります。これは「精神的な安定と物資の無尽蔵な供給が相まって初めて人生の幸福が安定する」という考えですが、私たちは社外も巻き込みながら、「物心一如」のコアとなり、私たちの経営スローガンである「人と社会をつなぐ」を実現していきたいと考えています。

私は、２０３０年、２０４０年の地方都市は今よりもっと人気が高くなると思っています。地方都市は物価が安く、土を触りながら生活ができ、親世代とのコミュニケーションが容易なことから子育ての心配も減ります。出社がリモートとなれば、地方都市で暮らすことを選択する若者が増えていくでしょう。

飯島　そんな地方都市のあり方を可能にするために私たちが取り組んでいるのは、スマートフォンで言えばｉＯＳやＡｎｄｒｏｉｄのようなＯＳづくりです。優れたＯＳがあればソフトをつくる人がたくさん出てきますよね。

田辺　私たちが持っているモビリティ技術、すなわち移動手段は、街を循環する血液です。血液がうまく循環する、新たなプラットフォームをつくることによって、社内だけでなく、地域にもワクワク・キラキラする人たちが増えることを大いに期待しています。

Company File

04

EY新日本有限責任監査法人

ウェルビーイングと
心理的安全性を高める職場づくり

EY新日本有限責任監査法人ってこんな会社!

EY新日本有限責任監査法人（以下：EY新日本）は、EY（アーンスト・アンド・ヤングの略。ロンドンを本拠地とし、会計・税務・コンサルティングなどを展開するサービス企業）の日本におけるメンバーファームです。主な業務は会計監査で、業務の中心を公認会計士が担っています。

2022年7月には常務理事以上の女性が3人となり、女性や働く育児中のメンバーのワーク・ライフ・バランスを全面的にバックアップしています。

EY新日本はメンバーの多様性を活かす企業風土を大切にしており、まさにそれこそが魅力になっています。メンバー一人ひとりが自分らしく働けるインクルーシブな組織風土であることを重要視しています。

キャリア面では、研修、経験、コーチングを柱に人材育成を行っています。入社したら自身の成長をきっと実感できると思います。

健康経営チームメンバー3名にお話をうかがいました

副理事長
大内田敬さん

健康経営は重要な経営課題で、最重視しています。現在はもう少し概念を広げて「ウェルビーイング」というキーワードを経営の軸に入れています。これは心身の健康に加え、仕事で幸福感を得ようという取り組みです。キャリアパスや仕事上の人間関係でも幸福感を得られることを重視して、生産性や成果の向上、長くここにいたいと思える上昇トレンドを目指しています。

本部産業医
征矢敦至さん

EY新日本は、経営層と我々健康管理のチームの距離感が近いのが特長です。ゆえに、人を大事にするうえで大切な意思決定がスピーディーに進むんです。健康サポートセンターというと、病気になってから行く印象もありますが、ここではそうなる前の予防で相談に来る人も多いです。そういう相談の声も経営層に届ける仕組みをつくり、課題にいち早く対応しています。

人材開発本部　人事部
労務安全衛生課　課長
西山浩世さん

監査法人はプロフェッショナルファームなので、人が資本です。メンバーが幸せで活力高く、持続性を持って働ける環境をつくるのはやりがいのある仕事です。健康経営を進化させるには、世の中の動きを先読みする必要がありますね。今後はウェルビーイングの指標づくりも見据えています。DXで因果関係の分析を進め、より効果的な施策の展開を目指しています。

EY新日本メンバーの健康は、「健康サポートセンター」が担っている

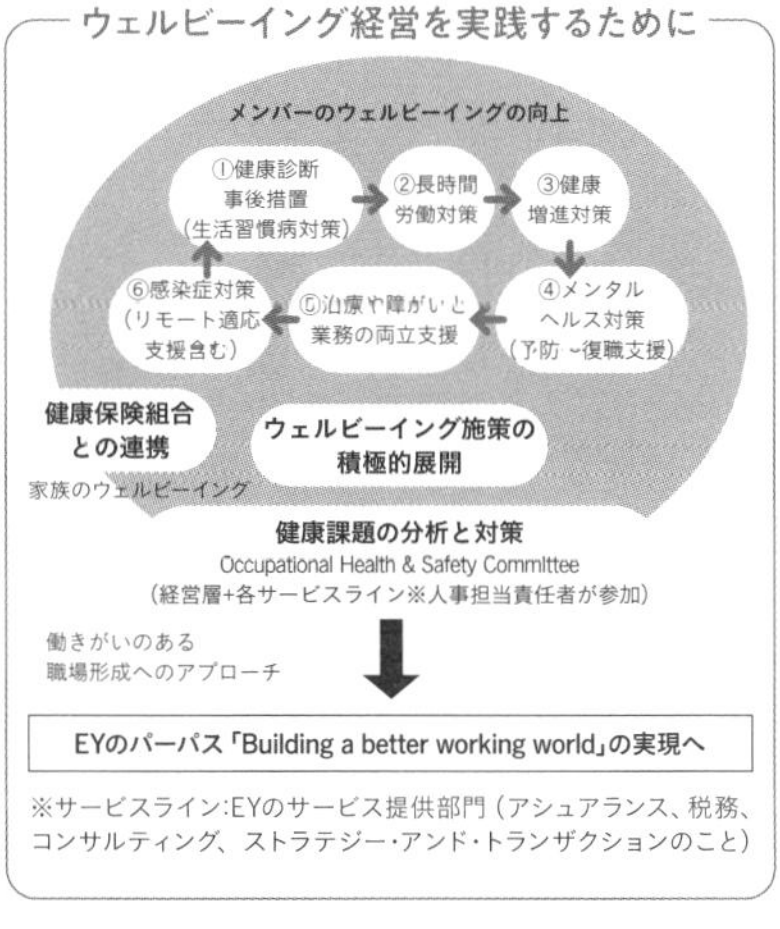

EY新日本では、人事部が所管する健康サポートセンターが各組織と連携し、健康経営の旗振り役を担っています。

そのメンバーは産業医、保健師や産業保健の企画推進を行う人事メンバーです。産業医の征矢さんいわく「いろいろな方からの相談を同じように受け入れて、すべてに対応する」のがその機能。予防・健康管理から、問題整理・適応支援、治療連携、復職支援・再発防止など、どんな段階の相談にも対応しています。専門家による健康をテーマにしたセミナーも随時開催。メンバーから好評を博しています。

4つの施策を紹介!

File 01 時間・場所に捉われない働き方 「フレリモ」でパフォーマンスが向上

コロナ禍で社会と価値観が変容する中、働く場所や時間、ドレスコードにとらわれず、最高のパフォーマンスを発揮できる環境をデザインしたい。そんな思いで発案されたのが、「フレリモ」という制度です。

これはフレックス&リモートの略称で、在宅勤務はもちろんのこと、遠隔地リモート勤務も含まれる充実ぶり。現在、30名を超えるメンバーが遠隔地リモート勤務を認められ、地方で暮らしながら所属オフィスに通う新しいワークスタイルを実践しています。

入社当初から遠隔地での勤務を前提に採用された方もいますし、親の介護で移住した方もいます。また、育児でフレキシビリティを高めたい方もおり、多様性理解を重視して先駆けて制度導入を進めています。たとえば介護や育児をしている方は、仕事と両立させるために効率とバランスを取っていて、その視点が仕事に還元されることもあります。地方で働くことで地域社会の価値を見出すことにつながり、それにより創造性豊かに働くことの視点を持つことができます。

日々の業務内容に応じて働く時間と場所を自律的に選択すること、そして他者の考え方やワークスタイルも尊重し、チームとして最高のパフォーマンスを引き出すのが、この制度の原則です。

そうやって日々柔軟性と多様性に触れるうち、自ずと不測の事態にも対応できる組織ができあがる。そんな狙いも秘められている制度です。

第3事業部　シニアマネージャー
鈴木 大樹さん

フレリモで人生の幸福度も上がった!

家庭の事情で、東京都から実家のある山梨県へ移住しました。以前でしたら遠距離の移住となると部署異動を伴い担当業務もすべて変更しましたが、今回は所属部署も担当業務も一切変わらず、業務への影響が最小限で済んだのは大変助かりました。また、最近も所属部署の新たなプロジェクトに企画段階から参加しています。遠隔地で働いていても、成長の機会が制限されていないことがフレリモの一番いいところだと思っています。

心理的安全性を高める

File 02 不安も悩みも受け止める体制づくり 社員とトップで行う「ガチコン」

EY新日本では経営執行部とメンバーとの対話集会「ガチコン」を開催しています。フランクなコミュニケーションの場を通じて、メンバー一人ひとりが組織風土改革の意義を理解することで、積極性と活力向上につながる取り組みです。参加者はその場で質問し、理事長、副理事長、経営専務理事が事前の準備なしに「その場で答える」手法を採用しており、かつ、参加者が心理的に意見や提案を行いやすい司会進行が心がけられています。

これまで、2020年10月から2022年7月1日までに計41回開催する中で、監査品質に直結するデジタル監査や人材育成、グローバル対応に関する提案・意見がありました。その結果、双方の自己開示につながり、執行側の思いを聞いた参加者から共感が生まれ、さらなる提案・意見が生まれるという好循環が生じています。

開催の呼びかけにメンバーが競って手を挙げるこのユニークな試みも、風通しのいい社風があればこそ。「EY新日本は経営層とメンバーの距離が近く、心理的安全性が保たれています。メールも丁寧にご返信いただけますし、感謝を言葉にして伝えてくださいます」という取材時の西山さんのコメントの通り、取材の合間に見えたのは、上下分け隔てない談笑の光景。健康的な組織には自ずと笑顔が宿るようです。

なお、ガチコンで話された内容は、参加した当事者のみぞ知るところ。その経験はいかなるものか。詳しくは下の体験談をご覧ください。

第1事業部　シニアマネージャー
田中 淳一さん

人材育成制度に疑問を持っていたため思い切って参加してみました。正直、形式的に終わってしまうかもと思っていましたが、"腹を割った"話までしてくださり、とても驚きました。

また、年次の低い参加メンバーに対しては、経営執行部の方から話を引き出しており、誰でも参加しやすい雰囲気を感じました。

第4事業部　シニア
石井 奈緒さん

「"こんなことまで聞いていいのかな？"ということまでなんでも聞いてください！」というアナウンスがあり、緊張せず話すことができました。
私たちの疑問や不安に、人間味溢れる言葉でお話しいただいたことが印象的でした。今後も何かあればオープンにお話しができるという安心感があり、日常業務により積極的に取り組むことができています。

若手に好評!

人事部　部長
佐藤 薫さん

File 03

細やかなケアが魅力 カウンセリングファミリー制度

全体で6000人ほどのメンバーを擁するEY新日本。その巨大な組織の中で、いかにして情報の共有と人のケアを行うか。そんな視点で生まれたのが、カウンセリングファミリー制度という仕組みです。パートナーから監査アシスタントまで、幅広い職階のメンバーが10人で1つのファミリーを構成し、社内の情報共有や体調の確認も含めたケアを行っているとのこと。

人事部の佐藤薫さんいわく、ファミリーは月に1回オンラインで顔を合せるのがルール。そこでリーダーから「こういう情報があったけど、知っている?」「体調は大丈夫?」などの問いかけがなされます。個々人の情報への理解を高める一方、ファミリーで雑談をすることでメンバーの小さな変化にも目を配る。小グループならではの、きめ細やかなケアが可能な施策です。

＼佐藤さんに聞きました／

CFL制度の効果

❶この制度を始めて以来、若手メンバーが話しやすくなったようです。さまざまな話ができることにより、組織を創造性豊かにする効果を期待しています。

❷体調不良に関しても、早めのラインケアができるようになりました。不安や不眠もいち早く察知して、健康サポートセンターにつなぎます。

❸トップダウンで情報を下ろすのではなく、個々人が理解しているかどうかまで踏み込めるのが、少人数のいいところ。うまく機能しています。

File 04

一人ひとりがウェルビーイングでよりよいパフォーマンスを発揮するためのセミナーを開催

EY新日本では、健康に関するメンバー向けのセミナーを定期的に開催し、コロナ禍になってからはオンラインセミナーも積極的に実施しています。「最近実施したのは、効果的な睡眠の取り方に関するセミナーです。みなさん、睡眠が自分のパフォーマンスに影響することを実感しているため、非常に関心も高いですね」と話すのは、産業医の征矢さん。睡眠研究の第一人者を海外から招いたセミナーは、参加者の多くが「すぐに活用できる内容だった」と評したそうで、満足度も折り紙付き。

人事部の西山さんはセミナーのねらいを「実効性のある施策を打つこと」と話します。その観点で行ったセロトニン（精神を安定させる働きをする脳内の神経伝達物質）に関するセミナーも、ストレス緩和に役立つと好評を博したそう。メンバーの健康につながる施策は、今日も考えられています。

キーワードは「ウェルビーイング」
働くことで幸せになる

EY新日本のヒミツ

EY新日本の健康経営の柱となるウェルビーイング。メンバーのみなさんはどんなところでウェルビーイングを実感するのか、働き方のヒミツに迫りました。

第2事業部　マネージャー
岩瀬 史佳さん

調子が悪いときや仕事の進め方に困ったときに、気軽に相談できたり、助け合えたりするチームの雰囲気に、いつも支えられています。コロナ禍により在宅で働くことが多くなりましたが、どうしたらチームメンバーが不安を感じずに働けるか、どうしたらチームのコミュニケーションがうまくとれるか、事業部の定例ミーティングの議題として何度も挙がっており、メンバーの働きやすさを考えてくれていることを感じます。

第2事業部　シニアマネージャー
久保田 泰平さん

オンライン会議中に上司が部下の体調や残業時間を気にかけたり、社内チャットを役職に関係なく気軽に送ったりできる風通しのよさがあります。ウェルビーイングを当たり前に実践する組織風土と本部施策によって、多様な働き方が認められています。リモート環境下でもチームのつながりや成長を感じられる場面も多く、また、家族の笑顔に触れる機会も増え、ウェルビーイングを実感しながら充実した日々を過ごしています。

第2事業部　パートナー
多田 雅之さん

明るい太陽の下で皇居ランをしているときにウェルビーイングを感じます。オフィス内にジムがあってシューズやウェアのレンタルもできますし、柔軟な時間の使い方が推奨されているため、仕事の合間に運動を気軽に楽しめる環境が整っています。また、アスリートによる朝のヨガ、有志メンバーによる昼の音楽イベント、専門家による睡眠や介護に関する研修など、ウェルビーイングを促進するさまざまな良質なサポートを享受しています。

第2事業部　パートナー
平岡 亜惟さん

1歳の子供がいるため、しっかり仕事に集中する時間と、ゆっくり家族と過ごす時間を設けたいと思っており、日々オンとオフの切り替えを意識しています。これらをサポートするようなさまざまな制度や施策を利用することで、自分らしい柔軟な働き方を実践できていると感じます。また、手を挙げればやりたいことにチャレンジできる環境にあることも、キャリアパスを考えるうえでプラスになっていると思います。

西日本事業部　パートナー
吉村 祐二さん

執務場所の自由度や中抜け勤務、コアタイムの設定など執務時間の自由度が大きく高まって、個人のライフスタイルにフィットした働き方が可能となりました。人事としては無関心やつながりの稀薄化、孤独感の増進など懸念することは多々ありますが、「安心して子育てができます！」「実家で遠方の両親と一緒に暮らすために引っ越しします」「辞めずに済みました！」といった声が聞かれるようになってうれしくなります。

第5事業部　シニア
西上 敬亮さん

複数の会社に対し監査サービスの提供を行っていることから、会社担当者・監査チームを含む多くの人と交流します。多様な価値観に触れることで、気づきを得たり視野が広がったりと、日々、刺激的に過ごしています。また、取り組みたいことに手を挙げれば機会を得ることができます。自社のサービス提供に貢献できると共に、自身の成長につなげることができます。こうした瞬間には特に「イキイキしているな」とウェルビーイングを実感します。

働けるワケ

監査法人というプロフェッショナル組織で、安心して働ける秘訣はどんなところにあるのでしょうか。経営層、メンバー、産業医の対談で深掘りしています。

征矢　まずは大石さんと的場さん、それぞれの勤続年数と所属、業務内容を簡単にご紹介いただけますか。

大石　私は入社4年目で監査業務に従事しているほか、法人採用のリクルート活動にも参加しています。監査業務は会社法監査の主査もやりつつ、上場会社の監査でもコアメンバーとして従事しています。

的場　私は入社1年目です。事業会社の監査業務に従事しているほか、パブリック業務にも関与しています。

征矢　EY新日本に入る前と、入ったあとの印象はいかがですか？

大石　監査法人はプロフェッショナルファームなので、就職活動中は残業も多いという印象を抱いていました。実際に入社してみると、特にコロナ禍を経てからですが、働き方が非常にフレキシブルになったと思います。中抜け勤務やシフト勤務があるため、有給休暇を使わずに通院できますし、私用をこなすこともできます。業務とプライベートを両立しやすい環境があることは、入社前のイメージとの大きな違いです。またリモートが進んだことで、クライアントのところへ往査に行くか在宅で行うかも柔軟に決められるようになりました。

征矢　的場さんの入社前後のイメージはいかがでしたか？

的場　就職活動をしていた際、EY新日本の方は私の話を親身に聞いてくださって、やりたいことを後押ししてくださいました。また、みなさんご自身の目標に向かってイキイキと働いていらっしゃる印象を受けました。入社してからもそのイメージは変わっていません。みなさんやさしくしてくださりますし、一緒に働かせていただき専門家としての意識の高さをさらに感じました。

大内田　面接前は、リクルーターとして決まったメンバーが的場さんを見てくれる、という感じでしたか？

的場　そうですね。担当リクルーターの方が私の希望を聞いてくださり、その希望に沿って懇談の場を設定していただいていました。

サポートが手厚い!

第2事業部　スタッフ
的場有沙さん

入社1年目。事業会社の監査業務のほか、パブリック業務（中央省庁や公益法人などの公的機関への監査などのサービスを提供する業務）にも参画。

安心していろいろ相談してください!

本部産業医
征矢敦至さん

産業医科大学医学部・産業医科大学大学院卒業。不眠とうつ、運動と睡眠、運動とメンタルヘルスの関係などを専門としている。

pick up座談会　副理事長×産業医×若手メンバー

私がEY新日本で安心して

征矢　働き始めて、仕事の内容や働き方も含めてイメージが変わったことは？

的場　初めての繁忙期は慣れないこともあって想像よりも大変でした。しかし、上司がサポートしてくださり、体調が優れないときなども「リモートで大丈夫ですよ」と声をかけていただきました。柔軟に働き方を選択できるのは非常にありがたく、働きやすさを感じています。

征矢　体調が悪いとき、ご自身からも言いやすいですか？

的場　私は自分から言ったのではなく、いつも通りにしていたつもりだったのですが、その晩「大丈夫ですか？」とメールをいただいて。

征矢　じゃあ、少し普段と違う様子が見えたのをキャッチしてくれたんですかね。

的場　そうかもしれないです。

征矢　ＥＹ新日本は以前から健康経営に取り組んでいますが、大内田さんはどういう職場環境を目指していますか？

大内田　時間の使い方や、どこで働くかという点も含めて柔軟性の高い職場という制度はこれからも変えずに進化させていきたいと考えています。監査業務でもリモートの場所から勤務できたり、地区事務所の人が東京の業務を行えたり、東京のスタッフが地区事務所の特徴のあるクライアントにアサインするなど、場所を問わない働き方が進むといいと思います。あとはプロフェッショナルであれば、自分がしっかり成長してクライアントや社会に貢献し、しかもそれを実感できることが重要です。大石さんも的場さんも志高く飛び込んできてくれたと思いますが、ＥＹ新日本で自分の成長を実感してほしいと思います。別のページでウェルビーイングの話をしましたが、健康経営に加えて、みんながキャリアを積む中で幸福感を感じることはプロとして目指すところと重なると思います。自分の成長が実感できるがゆえに、ここで長く働いて充実感を得たいという、そんな職場をつくりたいと思っています。

大石　私は入社当時、目の前のことだけで精一杯でした。数年を経た今は仕事のレイヤーが上がり、入社当時とは異なる仕事の壁にぶつかっている最中ですが、そこを乗り越えること

メンバーの幸福感を高めたい！

副理事長

大内田敬さん

タレントリーダー・副理事長として、人材開発に従事。多様性を活かした人材の育成や、キャリアパスの支援など個々の人材の成長に寄与。

先輩にはなんでも相談してます！

第2事業部　シニア

大石健人さん

入社４年目。事業会社の監査業務にて主査やチームスタッフとして従事するかたわら、法人採用のリクルート活動にも参加している。

に充実感を感じています。公認会計士になった以上、ＥＹ新日本の仕事で出会う壁を経て自分も専門家として成長したいと思います。

的場　私はパブリック業務を兼務した理由として、将来地元に貢献したいという思いがありました。地区事務所にいながら東京での仕事に従事したり、東京にいながら地区事務所のサポートをしたりする働き方ができるのならば、将来的にその制度を利用できるといいなと思いました。

征矢　健康経営やウェルビーイングを進めていくうえでは、安心して働けるサポーティブな職場環境が大事です。ＥＹ新日本で働くうえで、それを実感したことはありますか？

大石　サポート体制で助かったことは、2点あります。まずは健康サポートセンターのかかわりです。些細なことでも保健師や産業医さんに連絡できる体制が整っていて、私も以前、電話をしました。そのときは「仕事が大変で」と愚痴を言う感じで（笑）。でも自分の中に溜め込んでいたものを言語化してみるとすっきりして、また仕事に向かっていくことができました。

征矢　言語化して整理するということは大事ですよね。そうした機会を提供して寄り添いつつ解決につなげるのも、健康サポートセンターの機能のひとつです。もうひとつの助かったことはなんですか？

大石　公認会計士の場合、入社から2～3年後にもう一度修了考査という試験を受ける特徴があるんです。仕事の難易度が上がる中、勉強と両立しなければならないのですが、そこへのサポートも厚くて助かりました。たとえば試験勉強に集中できるよう水曜日はノー残業デーで、上司にもアナウンスされるのでその日は仕事があまり忙しくならないんです。勉強に関しても先輩方が通ってきた道なので、悩みも聞いていただけました。その後、私も修了考査を受ける人のサポートをする側に回っています。

征矢　通ってきた道だからできる助言もあるんでしょうね。的場さんはいかがですか？

的場　私は入社前から一般事業会社とパブリック業務の兼務を希望して、入社後それを叶えていただきました。ただ「兼務は大変なのかな？」という不安も少しあったんです。でもどちらの部署でも相談できる環境が整っているので、安心して働けています。

征矢　対話をしたうえで、できるサポートをしてもらう関係が築ければ、信頼の醸成につながると思います。健康経営やウェルビーイングでは互いの信頼が大切ですが、大内田さんは信頼醸成の重要性について、どうお考えですか？

大内田　人と人との信頼関係に加えて、総体としてこの組織は信頼できるのかというところも、みなさんの関心が高い部分だと思います。その観点で言うと、私たちは組織としてまずみなさんのニーズに応え、選択肢をたくさんつくることを考えています。なんでも話せることも重要で、健康サポートセンターは健康面の窓口ですし、キャリアに関することならカウンセリン

私がEY新日本で安心して働けるワケ

グファミリーに言っていただいてもいい。組織としてみなさんの信頼を得るために、制度や仕組みをつくっていますが、もっと現場のリアルなところで個々人の相談相手がいるようなところまで手が届かなければと思っています。それが健康経営にもつながりますので。

征矢　ところでEY新日本にはどんなキャラクターの人が多いか、特徴はありますか？

大石　やさしい人が多いと思います。監査は複数のチームに所属していろんな仕事をするのですが、ひとつのチームが忙しい時期に、別のチームの上司から「こちらでの負担を減らしましょう」と言っていただいて。自分のチーム以外のことでも気にかけてくれる人が多い印象です。

的場　私もEY新日本はやさしくて穏やかな方が多いと思います。カウンセリングファミリーのリーダーとの懇談も定期的に設定してもらえます。私の場合、カウンセリングファミリーのリーダーは私が関与している監査チームには所属されていないので、そういう点でもご相談しやすいです。

征矢　職場が違うからこそ、斜めの関係でお話できるということですね。

大内田　今お二人からあった話は、まさに組織として狙っているところです。カウンセリングファミリーはまだ導入して日が浅いので、監査チーム＝カウンセリングファミリーといったところもありますが、いずれは監査チームとファミリーは別々の人にしたほうが効果は高いと思っています。自分を見る角度が違う相談相手は、たくさんいたほうがいいですから。ファミリーは体調やキャリアパスについて人として見てくれる場であるべきで、目指すのはなんでも言えるということです。10人程度のチームで、1年目だろうが4年目だろうが自分の目線でなんでも話ができるということが重要です。家族にたとえれば子供には子供の言い分があるはずだし、やりたいことを親に言えばいいと思うんです。お互いによく知っていて、なんでも言える雰囲気をつくるというのがファミリーリーダーの役割です。そうするとみなさんの安心感も出て、前例にとらわれないアイデアも出ると思うんです。カウンセリングファミリーは、そういう現場のアイデアをたくさん出すための制度でもあるんです。ファミリーの関係性がもっとフラットになっていけば、創造性も高まると思っています。

おしゃれなオフィスで会話もはずむ♪

征矢　心理的安全性というお話ですね。なんでも言える関係性があるからこそ、イノベーションも起きやすいでしょうし、みなさんの成長の機会も広がるわけで。

大内田　おっしゃる通りです。監査チームだと業務の性質上、なかなか言えないこともあるのはやむを得ないんです。でもファミリーの中では、自分らしく自由に発言していい。いい職場をつくるのは、みなさんの意見次第ですから。キャリアは自分でつくるという視点で、どんどん意見を言ってほしいですね。

Company File

05

株式会社アイセロ

従業員のココロとカラダの健康が アイセロブランドの品質と技術を支えている

アイセロってこんな会社!

アイセロは愛知県豊橋市に本社を置き、自動車部品の輸送用包装などに使う防錆フィルムや、液体洗剤を包装する水溶性フィルム、半導体、医薬分野のクリーン容器やクリーンフィルム、ラミネート用シーラントフィルム、熱接着フィルムなど、特殊な機能を持つ樹脂フィルムや容器を製造する技術開発型メーカー。２０２３年に創業90周年を迎えました。

付加価値の高い機能性豊かな製品の数々は国内のみならず、海外でも多くのニーズに応えており、世界中のさまざまな産業や人々の豊かな生活を支えています。

同社は、協会けんぽ愛知支部・健康宣言優良事業所表彰において金賞を受賞するなど、従業員の健康を重視してきましたが、これをさらに推進すべく２０２０年に健康経営部会を新設しました。

全社が一体となり、数々の施策に取り組んでいる同社の魅力を紹介します。

社長インタビュー

～これまでもこれからも～
超・優良幸せカンパニーを目指して

代表取締役社長
最高執行責任者
盛田 智さん

時代を先取りしていた従業員想いの取り組み

当社は30年以上前から「ココロとカラダの健康なくして幸せなし」というコンセプトで、さまざまなイベントを実施してきました。スキーツアーや、会場を貸し切ってのボウリング大会など、従業員の家族も巻き込みながら交流し、身体を動かしながら懇親を図れるという内容のものです。従業員の健康に関する直接的なアプローチとしても、たとえば健康診断で「経過観察」であっても悪化傾向がみられる若者からその芽を摘んでいこうと、産業医と面談する機会を設ける取り組みを全社的に行ってきました。

そのような中、協会けんぽの健康宣言優良事業所表彰において金賞を受賞することに。当社が当たり前にやってきたことを、改めて評価いただいたことで、健康経営への関心の高まりを感じました。これを機に、より組織的に健康経営に取り組んでいくことをねらいとし、保健師、衛生管理者、安全管理者、総務部部長、広報などが参画する形で2020年に健康経営部会を新設しています。

血液検査の対象年齢を法令の35歳以上だけではなく、全従業員に拡充。栄養摂取に関する遺伝子検査を実施。交替勤務者が利用できるよう、朝昼晩の3食を食べられる食堂を運営。10年前に独身寮を新築し（1階に保育ルームを併設）、産業医・保健師を増員するなど以前からの取り組みも含まれますが、従業員の健康に寄り添った活動を推進してきました。中途採用で入社した従業員や外部の方からは、「こんなに従業員のことを考えた取り組みを行っているんですね」と驚かれる機会も多いです。

健康があるからこそイノベーションが生まれる

私たちが提供する製品の中には、世界初の技術を実用化したものも多

安定がイノベーションへつながる

数あります。このような発想が可能なのも、従業員が健康な状態にあるからこそ。居心地がよく、リラックスできる環境があり、高いモチベーションを持った従業員がいて初めて、ゼロからイチを生み出すことができるのではないでしょうか。

　私はリーダーの立場で従業員に指針を示すことがよくあるのですが、これに対する理解も早い印象があります。たとえば、例年開催していた職場の業務改善事例発表会が、私の指針を理解してくれたことで「私たちのDX発表会」として内容が刷新され、開催されました。従業員側から活きのいいレスポンスが返ってくる点も当社が自慢できるポイントのひとつです。

チャレンジングな従業員と共に次の創業100周年へ

　創業90周年を迎え、次の100周年に向けて私たちが注力していきたい健康テーマはズバリ「卒煙」。これはどの企業も苦労されている点かと思いますが、近隣のレンテック大敬株式会社様と連携協定を結んだことで対外的なメッセージも発信しつつ禁煙治療の補助を行い、喫煙率を減らしていきたいです。

　私自身、タバコを止めたことで、仕事に集中できたり、それまで感じられなかった畑の土の匂いを感じられたり、食事が美味しくなったりと多くのメリットを実感しています。卒煙を推進することで、ぜひとも従業員のより一層の健康を獲得していきたいと思っています。

　私の経営の考え方として、てっぺんに来るのは「従業員の幸せ」です。「超・優良幸せカンパニー」というスローガンのもと、「すべての従業員が幸せと働きがいを実感できる会社」を目指している当社ですが、健康経営が根付いた社風であることも手伝って、この十数年は業績も非常によい形で推移しています。従業員の健康があるからこそ、

組織図

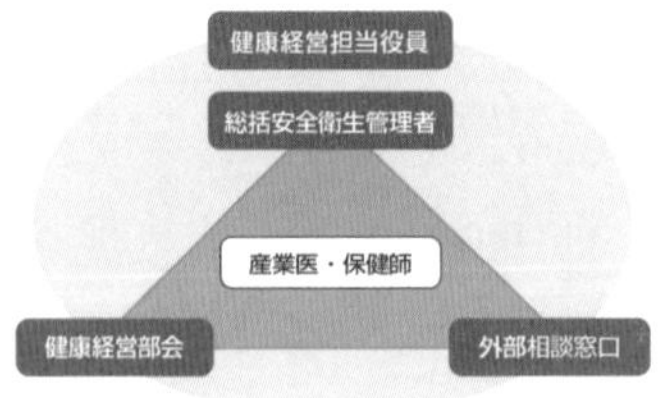

担当役員が健康経営を牽引し、産業医・保健師を中心に社内の各部が連携。従業員の健康保持を推進することで、経営にポジティブな影響が生まれています。2021年度の健康診断受診率、ストレスチェック実施率は共に100%を達成。

高いモチベーション、精神的な

アイセロ4コマ

アイセロの健康経営物語

スポーツイベント
食を通して健康を考える講演会
メンタルヘルス
Morita
盛田社長
アイセロの取り組みは「健康経営」に当てはまるのでは？
当時副社長
協会けんぽさん
応募した初年度
金賞
表彰式
協会けんぽ愛知県支部
健康宣言優良事業所表彰式
3026社の内、金賞5社・銀賞25社（2019年度）
これからも社員の心と体の健康を大事にしていきたい

モチベーションが上がり、イノベーションが起き、生産性も上がるよい循環が生まれているということを実感する日々です。

当社は汎用的なものを提供している会社ではありません。お客様の真のニーズに応え、常に進化し、新しいことを考え、生み出していかなければなりません。これを可能にすべく、対外的にも自慢できるレベルで従業員の健康を重視した職場環境を実現しています。

私たちが欲しているのは、製品づくりを通して広く社会に貢献したいという高い志を持ち、積極的にチャレンジできる人材です。幸せを感じながら働きたいと願う多くの従業員たちと共に、次の創業100周年を目指していきたいですね。

アイセロ農園 02

自己消費による野菜摂取の習慣づけができたらと貸農園、その名も「アイセロ農園」を10年以上前から取り入れています。

サテライトオフィス「PONT」 01

「PONT」はフランス語で「橋」の意味、世界への一歩を踏み出す場所、新たなアイデアを探求していく場所として2022年2月、豊橋駅前の複合ビル内に開設しました。

衛生管理者が案内する

超・幸せ優良カンパニーのエナジースポット

モチベーションUP

働きやすさUP

健康意識向上のため「あいち健康プラス」や「サントリープラス」などアプリも有効活用

グローバルコーポレート本部
総務部（衛生管理者）
清水 道雄さん

アイセロ保育ルーム「そら」 04

パパ、ママになっても安心して働けることもアイセロの特長のひとつ。「そら」はパート社員も利用可能。本社から徒歩3分、独身寮の1階にあるため、非常時も安心。

独身寮（アイセロ・ファミリア） 03

30歳まで利用できる社員向け独身寮。創業80周年の記念として建設されました。広いコミュニティルームがあり交流も活発です。

メニュー！

2022年秋リニューアル・グランドオープン!!

05 「社員食堂 VISTA」&「喫茶ルーム VISTA Cafe」

「これからとこれまでを共有する場所」にするためスペイン語や英語で、「展望、見通し」などの意味のある「VISTA」と名付けました。栄養バランスの考えられたメニューを社員価格で朝食から夕食まで3食利用でき、特に若い社員にはありがたい存在。空いている時間はフリーアドレスのオフィスとしても活用されています。Cafeは食事後の憩いの場に。

06 筋トレルーム

食堂の近くにある24時間利用可能なジム。食事＋運動の好循環に。従業員の要望に合わせて器具を追加。シャワー室も完備！

健康弁当を
食べながら行う、
管理栄養士による
講演会も、年2回
実施しています

グローバルコーポレート本部
総務部（衛生管理者）
水野 江利子さん

08 医務室

保健師さんが常駐。なんでも話せてしまいそうな学校の保健室を感じさせる雰囲気が評判です。

07 テニスコート&ゴルフ練習場

活発な部活動を支える自前の練習場。テニスコートにはアイセロがサポートする車いすテニスの佐々木千依選手が練習している姿もあります。隣にはゴルフ練習場も！

健康経営のキーマン5名に聞きました!

「超・優良幸せカンパニー」実現に向けて

コミュニケーションの機会が豊富なアイセロの社風

芳賀　当社は部活動や親睦団体が上手に連携し、私が入社した頃からボウリング大会やフリースロー大会、バドミントン大会などのレクリエーションが豊富。これはコロナ禍を経た現在でも引き継がれている、自慢の企業文化です。

夏目　中途で入ってきた立場から見ると、やはりレクリエーション・部活動の豊富さも手伝って、社員間の距離が近いなという印象があります。私と内田さんは違う部署ですが、協業しているプロジェクトがあり、こういったときも相談がしやすい。コミュニケーションの豊富さは、結果的に、円滑な日常業務につながっていますよね。

小杉山　私はゴルフ部に入ったのですが、保健師としての私ではなく一社員として、接してくださるので、ありがたく感じています。

菊川　私は入社してからずっと野球部。市内のトーナメント戦にも参加しており、最近ユニフォームを新調したんですよ。

芳賀　会社の補助金を承認した記憶があります（笑）。もちろん全社員が部活動に入っているわけではないのですが、スポットで大会だけに参加する方がいたりと、よい交流の機会になっていますね。

内田　同期入社のつながりも強いかなと思います。

芳賀　永年勤続者表彰のタイミングで集まったりもしますし、同期の従業員には何かと相談しやすい環境ですね。

小杉山　豊橋駅前にあるサテライトオフィス「ＰＯＮＴ」も、部署間をまたいだ交流の場になっていると思います。「ＰＯＮＴ」で会った方に、社内で声をかけてもらったり。

菊川　当社の福利厚生を支えるものとして、「ミスズ会」という互助団体もあり、家族も参加可能ないちご狩りなどのイベントが定期開催されています。職場以外での交流の場があることは、トータル的な働きやすさにつながっているなと日々実感しています。

入社25年目。総務のほか、防災、安全衛生、広報、秘書など多岐にわたる業務をまとめる。

グローバルコーポレート本部
総務部　部長
芳賀 章郎さん

27年目を迎えるベテラン。健康経営部会のメンバーとしても活躍する。安全管理者。

製造本部　副本部長
内田 守彦さん

健康経営「座談会」

アイセロの良いところ、好きなところ。そして

アットホームな社風だからこそ、従業員から意見が上がってくる

夏目　私が担当している「君のミライプロジェクト」は、従業員のエンゲージメントを高めることが大きなねらいなのですが、こういった社員の声を会社の取り組みに反映させようという試みがあるのは、非常にいいことだと感じています。

芳賀　経営指針に対しても、従業員が自ずとそれを理解して提案を行っていますよね。ボトムアップの精神が、アイセロには根付いていると思います。

菊川　ボトムアップで意見が出てくるというのは、風通しのいい社内環境があるからこそ。商品開発をしていると失敗や手詰りもありますが、そういうとき、同期や同僚、上司、誰に相談しても一緒に考えてくれて、力になってくれます。人生の中で仕事をする時間というのは決して短くないので、風通しのいい、アットホームな環境は魅力だと感じます。

内田　自分の仕事を理解してくれる上司がいたり、困ったときに相談できる同僚がいたり。長く会社で働くうえで重要なことですよね。

夏目　高いレベルで働く環境が整備されているからこそ、会社への帰属意識が高まり、従業員が長く働きたいと思える会社になると考えます。ひいては従業員一人ひとりが事業計画に対して理解を持つことにもつながり、能動的に動くことで、それが結果にも反映されてくるのではないでしょうか。ワークライフバランスの確保もしやすい会社だと思います。

芳賀　やはり人材が定着しなければ、いい製品を生み出すことはできませんし、高い品質を維持することもできません。パート社員も含めた10年ごとの永年勤続者表彰や定年退職者には社長が直接面談を実施する、といった取り組みが長きにわたって続いていることにも、従業員を大切にする姿勢が表れていると思います。

内田　アイセロで長年働く中で感じるのは、本当に従業員想いの会社だということ。近年も受けてみたいなと思っていた脳ドックに関する補助が始まって、個人的にとても助かりました。

日頃は新規商品の開発に注力。「創業90周年プロジェクト」サブリーダー。

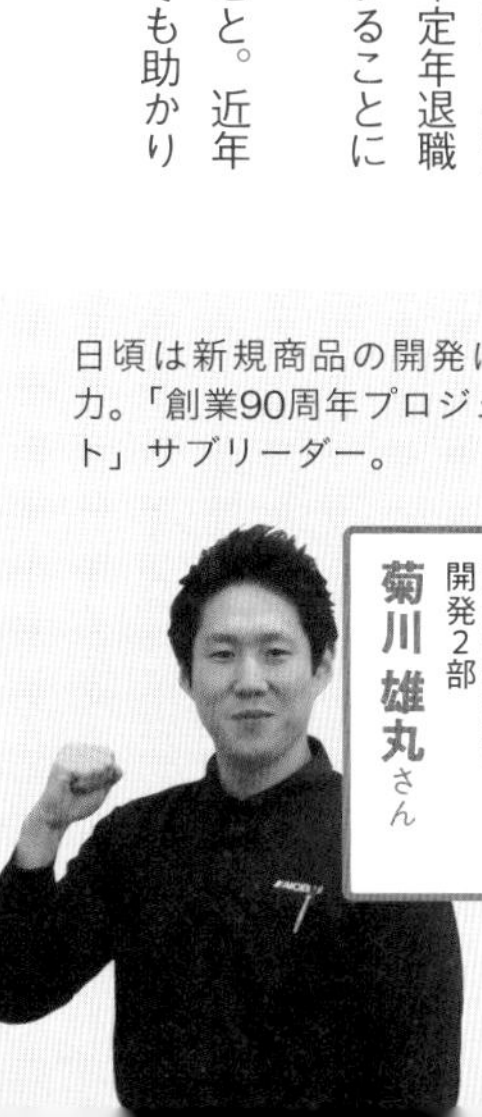

商品開発本部
開発2部
菊川 雄丸さん

中途入社。工場のDX化に取り組む。「君のミライプロジェクト」リーダー。

プロセスイノベーション本部
生産システム部　主査
夏目 弘樹さん

入社１年目。保健師・助産師・看護師の免許を持ち、社員から信頼を得ている。

グローバルコーポレート本部
総務部（保健師）
小杉山 友里さん

アイセロの良いところ、好きなところ。そして「超・優良幸せカンパニー」実現に向けて

地域に根差した活動で、豊橋を元気な企業が集う街に

芳賀　私たちはメーカーですから、当然ながらいい製品がなければ事業が成り立ちません。総務としては優秀な人材が会社に定着して、品質の高い製品ができ、お客様に喜んでいただけるという好循環を目指しています。そんな中、工場は24時間操業で交替勤務者がいることもありますし、もともと従業員の健康を重視する社風がある中で、さらに一歩踏み込んで健康経営に注力していこうという決断は、納得できるものでした。

小杉山　経営層が従業員の健康に対して、非常に関心が高いですよね。補助制度を設けることに積極的ですし、「最近○○さんが元気なさそうに見える。面談してみてくれない？」というような形で、具体的にアプローチしてくれます。

夏目　経営層と従業員の距離は会社の規模が大きくなればなるほど生じやすいものだと思いますが、弊社は単体で600名弱という規模でありながら、比較的近い距離感のフランクな会社。だからこそ健康経営も機能しているのではないでしょうか。

豊橋市に本社を構えるレンテック大敬(株)様と健康経営に関する連携協定を締結

芳賀　会社のサイズ感の話で言うと、個人が任される仕事の領域の広さとしてもちょうどよいのかなと個人的には感じます。自分がやりたいと思っていたことと、会社のベクトルが一致していたから、これまで働いてこられたのかなと思います。

小杉山　自治体や商工会議所、小学校との連携もあり、その中から生まれた健康セミナーなどもありますよね。

芳賀　地域の理解を得ながら事業を行い、社会に貢献していくことは非常に重要で、身近なところから健康経営のアイデアをいただく機会は多くあります。

メーキュー(株)様の管理栄養士を迎えて開催される人気企画「食を通じて健康を考える講演会」

内田　「社業を通じて社会に奉仕する」という社是にもなっている創業者の言葉があるのですが、やはり豊橋という土地で事業を行っている以上、その地域に還元していくという意識は重要だと理解しています。

芳賀　2022年10月には、同じ豊橋市を地盤とするレンテック大敬株式会社様と健康経営に関する連携協定を結びました。以前より従業員の健康に関するご相談をさせていただく中で、今回の締結に至っています。近隣の企業の中には健康経営という側面で私たちが学ばなければならない点も多くあると感じていますので、今後もお取引先を中心に近隣の他社様とも連携しながら、健康経営を推進していければと思っています。

社員's VOICE

～アイセロに入ってよかった～ ココロとカラダの健康編

「アイセロに入ってよかったな」と思うところを、「ココロとカラダの健康」をテーマに、さまざまな部署の社員に聞きました！

営業担当・主任（大阪オフィス）**井上 将太郎**さん

大阪オフィスもリニューアル

私が働いている大阪オフィスは2022年に改装を行い、新たに談話スペースが設けられるなど、これまで以上に働きやすい環境が整備されました。本社には朝昼晩利用可能な食堂があるほか、筋トレルームも完備。栄養バランスが整った食事や定期的な運動は、元気に働くために必要不可欠です。社員想いの経営姿勢がありがたいなと日々感じています。

調達・購買担当　**世羅 陽子**さん

育児しながら働ける!　万全のサポート

会社の目の前にある保育ルーム「そら」は少人数制で、幼い時期に手厚い保育を受けられたことが子供の心の健康につながったと感じています。送迎が非常に楽で、利用しながらほかのお母さん社員とコミュニケーションを取れた点も◎。健康に関する専門家・保健師さんが常駐しているので、気軽に相談しながら健康を保つことができています。

生産技術職　**鳥山 晴司**さん

「君のミライプロジェクト」で働きやすい職場へ

健康習慣に関連したタスクを達成していくと自販機で使用可能なポイントがもらえる「サントリープラス」や軽食販売の「ボスマート」は、社員の要望を形にしていく「君のミライプロジェクト」で実現したもの。いずれも好評の施策です。引き続き私自身プロジェクトに参画しながら、アイセロをより働きやすい職場に改善していきたいと考えています。

生産技術職　**椎葉 凌**さん

筋トレしながらコミュニケーション

私は筋トレルームをよく利用しているのですが、運動不足の解消につながっているだけでなく、利用者同士の交流が自然と発生する点でもメリットが大きいと感じています。これまでには、部署の垣根を越えて仲良くなった筋トレ仲間に仕事を助けてもらったことも。仕事終わりにフラッと寄られるコミュニケーションスペースとして、重宝しています。

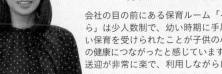

Company File

06

新日本理化株式会社

「働きやすい職場」だけでなく「働きがいのある職場」を目指して

新日本理化ってこんな会社!

大阪市中央区に本社を構える新日本理化は１９１９年の設立以来、磨き上げてきた「水素化技術」を基盤に、油脂化学と石油化学の両分野に精通するスペシャリティとして着実な成長を続けてきました。「技術の新日本理化」と社会から広く認知される存在となり、化学素材メーカーとして、暮らしと産業を支える多様な製品を提供しています。

経営理念は「もの創りを通して広く社会の発展に貢献する」。それを実現するために、従業員のワークエンゲージメント（活力、熱意、没頭）は不可欠な要素と考え、健康推進体制を強化していくだけでなく、研修教育制度の充実、人事評価制度も刷新を図るなど、一人ひとりがその能力を存分に発揮でき、イキイキと働くことのできる職場環境の整備・確保に努めています。

「技術の新日本理化」、その評価に加えて「人の新日本理化」として、成長を続けていきます。

新日本理化が目指す「健康」とは？

施策紹介と健康経営推進メンバーの思い

川崎工場の野球部（リーグ優勝！）

堺工場のテニスコート

健康の概念図

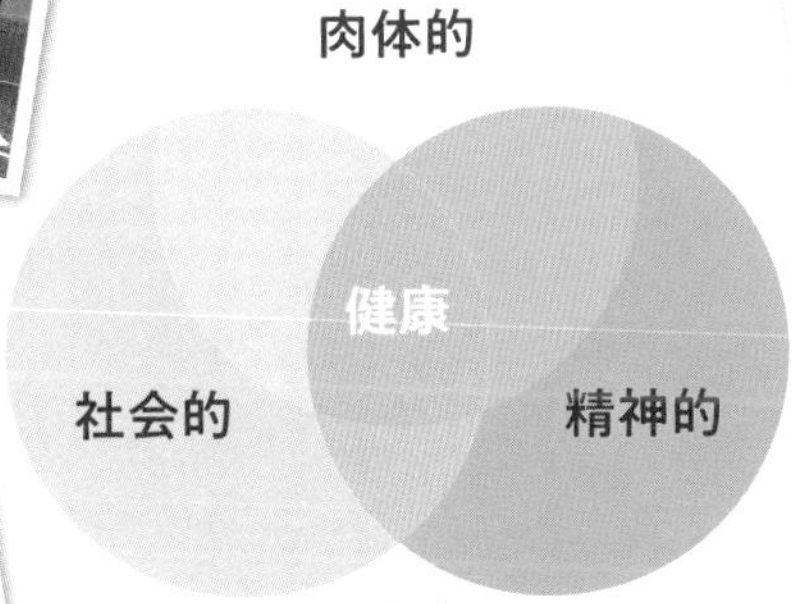

健康

心、身体、社会とのつながりの３つが「調和」されている状態

働く時間を健康的で充実したものにする。
新日本理化で働くことで社会とつながる。

家族や協力会社含めたBBQ大会

徳島工場のジム部屋

地域イベントでのワークショップ

京都工場でのオリジナル体操

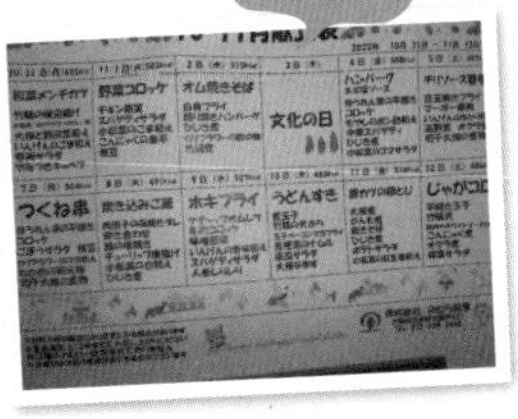

献立表

新日本理化の健康経営を中心となって進めるのは、企画管理本部人事総務部。メンバーの「健康」への思いと目的は共通しています。

「従業員が幸福な人生を送るための資源である健康を満たす手助けをすること。自信に満ち溢れ、成長を楽しみ、未来を考え続ける個の集団となるために、セルフケアを促し健康づくりを支援すること」

従業員からのニーズの最大公約数となる施策を実施していくほか、近年はカウンセリング体制を強化し、健康を個人の問題とせず、感じていることをオープンにする機会や場の提供に注力しています。

健康は加齢や病気、ライフイベントなどさまざまな影響を受ける動的なもので、健康感、幸福感は人それぞれ。そういったテーマに難しさを感じつつも「ダイバーシティ＆インクルージョンの推進と企業文化の醸成に大きな影響をもたらすこと」と、前向きに取り組んでいます。

なぜ健康経営が必要なのか？

明るくポジティブに！

三浦社長は2019年に取締役として新日本理化に入社しました。前職は商社。外から来たぶん、社内のことがいろいろと目についたと言います。

「従業員が少し消極的に見えました。全体的に会社を前向きに、ポジティブにしていきたいと考えていました」

2020年の株主総会を経て社長に就任し、ビジョン作成のほか、従業員の目標や視線を前に向けるためにはどうすべきか考えていたとき、ちょうど人事総務部から「健康経営をより積極的に推進したい」という意見が上がってきました。

「やっぱり、会社の成長にとっては従業員の健康とポジティブな姿勢が絶対条件ですから。それなくして何も始まらない。ぜひ取り組もうと」

最初は、身体の健康に重点を置き、禁煙施策から始まり、新たに保健師を配置するなど、いろいろと動き出しました。ただ、三浦社長が思う健康経営のテーマは、どちらかと言えば、「心の健康」でした。

「心のケアについては専門家だけじゃなく、私や役員も重要視していましたし、実際にそういう指示も出しました」

こうした身体と心のケアはマイナスをゼロにするだけでなく、新日本理化にとって大きなプラスになっています。

「個性が集まり、その一人ひとりの個性が伸びていった集大成が、企業としての成長だと思っています。だから個を伸ばさないと。そのためにはやはり思うように身体が動くこと、そして心が弾んでいること。そういう環境を整えることに注力してきました」

結果として、2022年に実施した従業員アンケートでは「仕事に満足」と肯定回答した人の割合が76・3%となりました。そして環境づくりの効果は、数字以外のところにも表れ始めています。

「たとえば取引先から、弊社の営業担

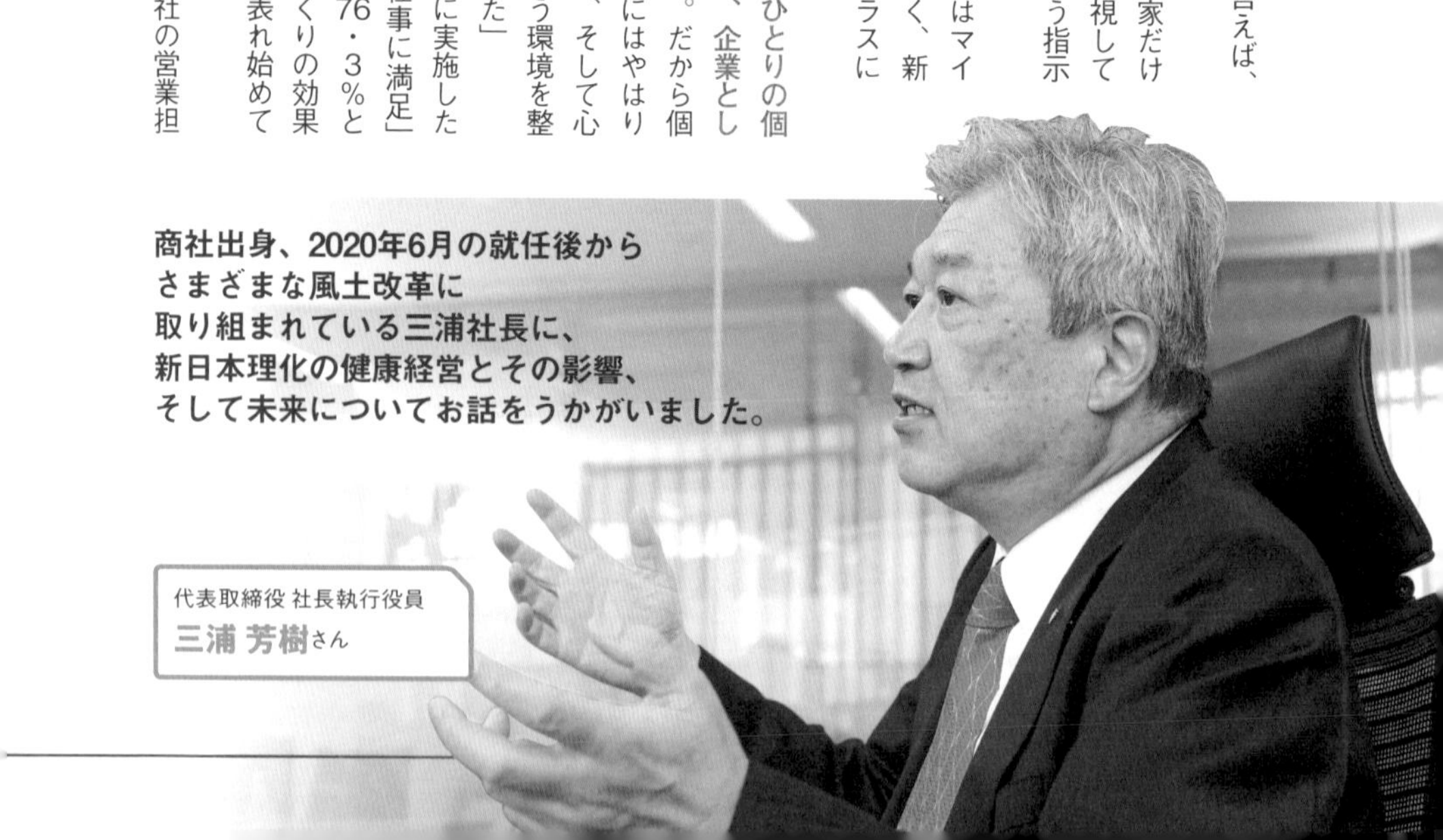

商社出身、2020年6月の就任後から
さまざまな風土改革に
取り組まれている三浦社長に、
新日本理化の健康経営とその影響、
そして未来についてお話をうかがいました。

代表取締役 社長執行役員
三浦 芳樹さん

その存在がBest SPICE！　三浦社長に聞く

企業が成長していくために、

ビジョン（目指す姿）

Be the best SPICE!

キラリと光る唯一無二の素材を創ろう。多様な能力を活かす精鋭であれ

ビジョン実現を後押しする方法のひとつが健康経営。一人ひとりの個性が際立ち、そんな個の集大成が「企業の成長」であると考えます。「自分自身」に興味を持ち、自らを奮い立たせる原動力が何であるか、自分がほかの誰でもない、唯一無二の存在であることを知っていこう。

当の応対が明るくなった、積極的になったと言われるとうれしいし、日々の取り組みの成果かなとも感じます」

今回の取材は2021年の5月に竣工し、営業を開始している京都R＆Dセンターで行いました。非常に明るく、研究室もすべてガラス張り、オープンなつくりになっています。経営側が意図的にそうデザインしたわけではなく、現場や研究員から挙がった声をもとに設計されました。

「以前の研究所は穴倉みたいなところで、暗く小さな実験室で2、3人が作業し、ほかの部署の誰とも接触しない、そんな環境でした。新しい施設をつくるとなったとき、思いっきり光を浴びよう、解放されようと思ったのでしょう。理解できますよ。一部からは『明る過ぎます！』と言われますが（笑）」

施設のコンセプトは「開放」と「融合」と「挑戦」。建設途中に訪れた三浦社長が感じたもの、思いついたものがそのまま採用されました。

「働く人の思いが集約された場所ですから、よい環境ですよね。この建物は〝健康経営〟そのものと思います」

従業員の誰でも気軽に話しかけられるように、常に社長室のドアを開けているという、自称「話好き」の三浦社長。コミュニケーションは成長のために必要不可欠で、社内はもちろん社外との交流も欠かせないと言います。

「うちの従業員は、学会とか研究会とか、学ぶ意識は非常に高く、吸収するのは得意。でも吸収したものを発散する場がなかった。それだと大きくはならない。一人ひとりが持つ情報や知識をほかの人、あるいは他社と融合することで、何か変わるかもしれないし、何か生まれるかもしれない。そういったことにも期待しています」

生産効率を上げる、イノベーションを起こすなどと掲げたところでなかなか実現しない課題をコミュニケーションで自然発生的に解決できるとしたら……。京都R＆Dセンターにはその環境がありました。

個の成長を万全サポート！

働き方だけでなく、働きがいにも注目し、健康経営を進める三浦社長は人事評価制度の刷新にも着手しました。

「私の印象ですが、仲間意識が強いぶん、内々で話すようなところがあって、内部での競争はほとんどなかったです。ということは外でも競争が生まれない。それはイコール成長しない、あるいは

企業が成長していくために、なぜ健康経営が必要なのか?

成長速度が極めて遅いということ。

新日本理化はそういうやり方で成功してきたし、100年続いてきたのだと思いますが、ただ、やはり世の中の環境も変化していますからね。それに対応しないといけません」

始まった人事評価制度は競争を煽るのではなく、成長を促すためのもの。課題を上司と共有し、挑戦的な目標を考え取り組んでいくというものです。達成すれば評価され、未達でもマイナス評価はありません。研究所でもテーマ提案という、自分がやってみたい、成し遂げたいテーマを「やりたい」と宣言し、上司や周囲が面白いと思えば期間を決めてやってみる、という取り組みを行っています。

「成果が出るかはまだ先ですが、とにかく前向きなマインドを持ってほしいし、そういう人を応援できる評価や仕事の仕組みを考えています」。

新たな試みであるがゆえに、まだ手探りですが、若い世代を中心に、チャレンジの輪は広がっているようです。

「与えられた業務を高いパフォーマンスで淡々とこなす、そういう従業員も必要です。ただ、何かに触れて、自己の欲求が生まれたときに、我々はその思いを確実に知らなくてはならないし、それを実現させるためのサポート体制をできるだけ整えておかなければならない。それが我々の使命だと思っています」

新日本理化、そして三浦社長が健康経営、ウェルビーイング経営を進める大きな理由は、それらと企業の成長が強くリンクしていると考えるからです。

「新しい挑戦や課題に対して、現場が『やってみよう』と思うかどうか、ひとつになれるかどうか。それは企業が成長するか否かの分岐点です。

企業と従業員の関係において理想なのは、個人の目標と企業の目標をできるだけ近づけていくこと。そのために必要なのは、社員のエンゲージメントを高めることです。新日本理化で働いていて楽しい、充実していると思ってもらえる環境づくりを続けていかねばなりません」

どんな環境づくりも、施策や制度も全従業員を満足させることはできません。そのため、エンゲージメントを高める作業は容易なことではありません。それでも、一人ひとりの思いを育み、汲み取っていきたいと三浦社長は言います。

「個人と会社のベクトルを完全に重ねるというのは、叶わない永遠の課題かもしれませんが、少しずつ成果は出てきていますし、経営者として目指すべきテーマだと思っています」

人事制度と社内制度

個の成長を支援する!

「やらされるのではなく、自分がしたいからする」。その思いをしっかり後押し

成長のために、学ぶためにとるべき姿勢は、1．やりたいことがあり、それを追い続けている。2．他から謙虚に学ぶ。3．学んだことをすぐに実践しようとする。4．自分が得たことを惜しみなく共有できる。従業員が成長する姿勢を見せたとき、それにしっかり応える環境を整えておきたい。

100年続く秘訣はここにあった!

新日本理化の働き方がわかる数字と歴史

採用担当
横山 佳歩さん

年2回健康診断受診率

100%

国内の7事業所すべてに産業医あるいは嘱託医を配し、会社の福利厚生の一環として医療費を補助するなど、従業員の健康維持や早期治療をサポートしています!

平均勤続年数 男女共に

16~17年

しっかり働いてしっかり休むメリハリのある働き方!

年次有給休暇取得率7割
所定労働時間は

7.5時間

(交替勤務者は平均7時間10分)

月平均所定外労働時間も4~6時間!

2021年度
男性育休取得率は

75%

働きやすい職場環境づくりに向けて

当社は化学会社として、労働安全衛生法遵守、労災防止や従業員および関連会社の作業従事者の安全確保、健康の保持増進等を目的とした安全衛生管理を推進してきました。背景として、当時では当たり前でしたが、1940年代前半までは、当社の工場でも12時間労働2交替制で、休日は月2回という過酷な労働条件の中、労災も多発。そのため「誰もが働きやすい職場環境づくり」という概念は、従業員にも経営陣にも古くから根付いており、現在の社内制度の基礎となる協議が次々と繰り広げられてきました。

働き方　年表

1919年
創業

1950年代
- 特別有給休暇制度の新設

1980年代
- 医療費補助制度の制定
- 特殊健診、VDTオプション健診拡充
- 私傷病欠勤時の協定(見舞金)
- 男女共に60歳定年制へ

1990年代
- 週休2日制へ
- 安全衛生管理基準制定
- 半日年休制度の新設
- 育児休業／介護休業関連制度の新設
- 研究開発部にフレックスタイム制を導入

2000年代
- 女性活躍／男性家庭参画／母性保護推進
- 看護休暇導入
- メンタルヘルス対策強化、人間ドック費用補助制度新設

2010年代
- 化学物質リスクアセスメント強化
- 健康情報管理に関連する制度の新設

2020年代
- フレックスタイム制拡大／コアレスフレックス導入
- 育児フレックス制度の導入／男性育休取得の推進
- 女性の職域拡大
- テレワーク制度導入
- 健康経営優良法人認定

「働きやすい」だけでなく「働きがいのある」職場へ

1940年代後半は69日でした。(交替勤務者)

年間休日日数

122日

(交替勤務者 112日)

創業100年の感謝の証、これからの100年の総本山

京都R&Dセンターに潜入

研究員はみんないくつかのテーマを掛け持ちしています。さまざまなテーマに触れ合うことで得た知識や経験を、自分のテーマに落とし込んで活用できないかを考えながら基礎検討に邁進しています。

作業服も
2023年4月
リニューアル予定

研究開発部
内藤 友梨子さん

パイロットエリア

成形試作や大容量の合成を行うパイロットプラント。フラスコワークから量産へスムーズに移行できる体制を構築しています。

「開放」のテーマ通り、パイロット実験の様子を見られるように通路を設置。隣接された成形加工エリアでは、樹脂の成型工程なども見学できます。

２０１９年に創業１００周年を迎えた新日本理化は、次の１００年に向けた研究開発力・技術力の強化とオープンイノベーション推進による新たな価値の創造を目的として、けいはんな学研都市（京都府精華町）に「京都Ｒ＆Ｄセンター」を創設・竣工し、２０２１年５月より業務を開始しました。

実験室のほか、パイロットプラントも設けており、研究開発や生産技術、製造、品質保証の各部門が連携することでフラスコワークから実機プラントでの生産までスムーズに移行できます。

コンセプトは「開放・融合・挑戦」。地上３階建て、緑豊かな環境を借景とし、開放的で明るく快適な空間を意識しました。すべての活動の基礎となるコミュニケーションを活性化する仕組みも盛り込んでいます。

また、さまざまなビジネスパートナーとの技術交流に活用できる共同実験室を設けるなど研究拠点を広く開放し、お客様と共にイノベーションを創出、社会課題の解決に挑戦しています。

オフィスエリア

ガラス張りで、仕切りのない２つの広い実験室エリアのすぐ隣にあり、各々が実験している様子が見える位置でデスクワークを進めています。

執務室

全席フリーアドレスで、研究員の席は毎日ルーレットで決めるなど、日常の中で他部署のメンバーと積極的にコミュニケーションがとれる仕組みにしています。

大会議室

研究テーマの提案は研究員に限らず従業員の誰もが挑戦することができます。発表会では提案者の情熱をベースに早期実現に向けて活発な議論が繰り広げられています。

ラボエリア

あらゆる年齢層、テーマを持った研究員が同じ空間で実験・研究をしています。オープンな情報共有が研究の速度や質、創造力の向上につながります。

分析室

1階の分析室は同階のパイロットエリアで作製した樹脂の評価がすぐに行えるように、熱分析装置など評価に必要な装置を１カ所に集約しています。

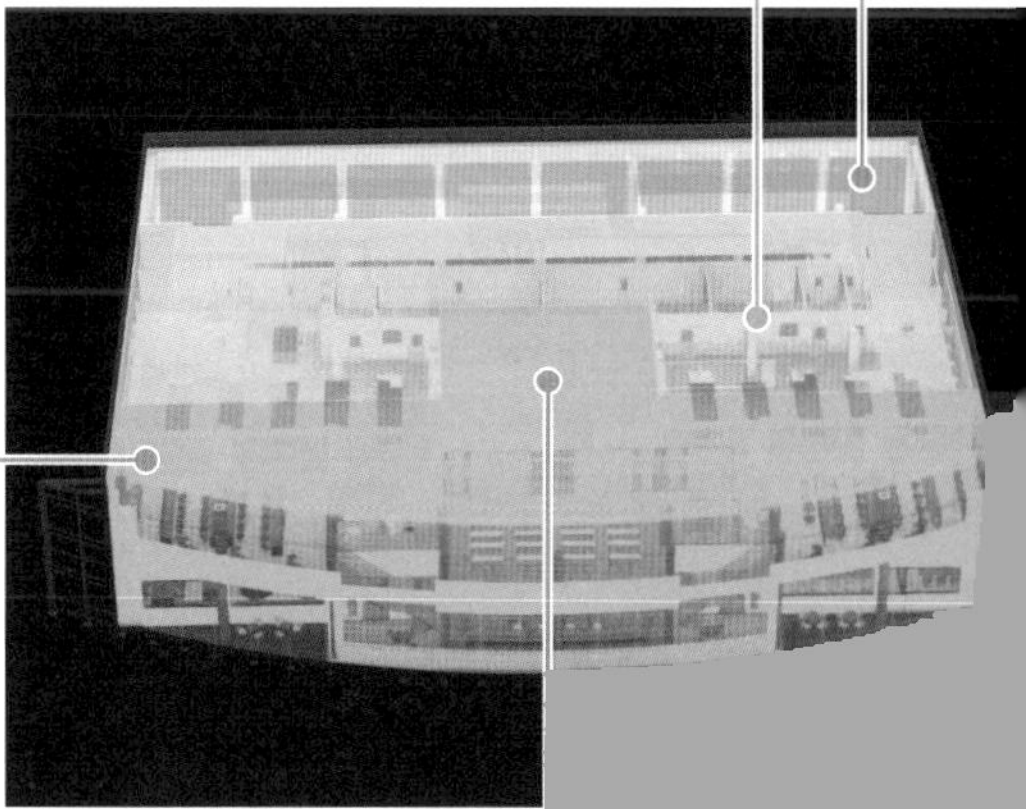

マグネットエリア

上下階のさまざまな人が行き交うエリアの中央に「マグネットエリア」（引き寄せられる場所）を設けました。休憩や簡単な打ち合せなどに使用していますが、そこでの部署の枠を超えた雑談が、仕事のアイデアに結びつくことも。R&Dセンターにとって重要なスペースになっています。

エントランス

1階西側の来訪者用エントランス。待合いスペースには創業100年の歴史と新日本理化の未来が集約されています。この先には技術交流を図る共同実験室があります。

と「働きがい」

若手からベテランまで勤務地、
職種もさまざまに幅広く集めてみました

研究開発部
西川理穂さん

忙しいですが、充実した毎日です!

入社して半年は各研究チームを体験し、その後希望したチームに配属され、現在2年目です。大学院博士課程で近しい研究を行っていたため、学生のときに得た知識・経験を活かすことができるチームに加われたことをうれしく思います。現在の主な研究内容は、不透明なプラスチックを透明にする添加剤や強度・硬さを改善する添加剤の開発です。最近は新商品に対してたくさんのお客様に興味を持っていただいており、忙しい毎日ですが充実しています。これまで、学会発表やドイツで開かれた世界最大級のプラスチック関連の展示会への参加など、私の要望に沿って貴重な機会をたくさん与えていただきました。スキルアップにつながる機会を得たことに感謝しています。

営業第一部
米田 拡平さん

社会への貢献と自身の成長を実感

入社から営業を担当、今年で10年目です。現在は植物系原料をベースにしたオレオケミカル部門を担当しています。工業用向け・香粧品向けの原料として、世の中のさまざまなところで弊社製品が使用されています。自分が販売した原料を配合した商品をCMや店舗で見ると、社会に貢献できていることを実感します。お客様との面談があるため体調管理には極力気を配っていますが、当社には産業保健スタッフへの健康相談や医療費補助制度があり、安心して業務に専念できる環境があります。また、英語学習など各種研修制度も充実していますが、自分の信念や目標に従い、社内制度を能動的に活用することが、個の成長をより促すと思っています。

経理部
福島 翔太さん

従業員に寄り添った多様で柔軟な働き方

転職で入社、4年目です。基本的に手を挙げれば何でも挑戦させてくれる社風のため、やりたいと思ったことは積極的に伝えています。決算書の見方を全社にレクチャーするなど、文系の私でも管理部門として何ができるかを考え業務にあたっています。夫婦共働きで、子供の登園は私が対応しており、保育園を経由し出社しています。当社ではコアレスフレックス制度を導入しており、テレワークと併せて活用することで通勤時間を短縮でき、フレキシブルな働き方により就労と家庭での時間の捻出を実現しています。何より私の働き方を理解して接してくださる上司、同僚には感謝してもしきれません。家庭と職場環境を大切にしながら前進し、当社と共に成長できればと思います。

従業員に聞きました!

新日本理化の「働きやすさ」

徳島設備管理課
桒村 育敬さん

ジム通い、映画鑑賞など趣味もサポート

主な業務内容は、設備保全です。現在は12名で、電気、回転機器、塔槽関係の設備の種類ごとに3チームに分かれて仕事をし、各々が専門の知識を高めています。当社の魅力のひとつは、年次有給休暇の取得率の高さです。実際に年休の取りやすい環境で、子供の病気などで利用できる看護休暇もあり、家庭と仕事の両立ができ助かっています。また、年休を消化できなくても一定日数積み立てが可能で、なるべく失効しないような仕組みになっています。趣味は筋トレで、ジムに通っています。カフェテリアプランでは、ジムの月会費の補助や劇場鑑賞の優待を受けることができ、トレーニングや映画鑑賞など、リフレッシュに活用しています。

購買部
粕谷 紗貴子さん

意見を言い合え聞き入れてくれる

受発注業務に携わるデリバリーを担当。職場には、心強いメンバーが揃っており、私自身育児休業を2回取得し、職場の協力を得て、育児・家事・仕事の両立ができ、十数年従事しています。オフィスはフリーアドレスに変更。フロアのあちこちに集合し、いつでも相談し合えるよい環境です。当社では、全従業員が年間1件以上の業務改善策を提案する活動を行っています。私も請求書の承認・送付作業について効率よく変更したい旨を上司に伝えたところ「すぐやろう」と背中を押していただきました。その結果、費用対効果も出て、部長賞をいただき、表彰会で発表するという経験ができました。みんなのアイデアで会社がよりよく変化しています。

生産試作課
多田 誠さん

ワークライフバランスの取れる職場です

入社して京都工場の生産部門へ配属。その後、研究開発品の試作部門へ配属に。化学プラントでは、何をさておいても「安全」が第一。チームがより安全で効率的に働けるようにするためのアイデア創出・設備改善はやりがいを感じられるポイントです。製造現場では休暇を取った人の業務をチームでカバーする体制が整っているので、気兼ねなく取得することができています。最近、同期の男性社員が約半年間の育児休業を取得したりと、男性の育休も浸透してきました。これまでの社会人生活の中で、「充分な休息を取ること・余暇を大切にすること」は重要だと実感しており、そういう意味でワークライフバランスがしっかり取れているよい職場だと思います。

07

Company File

株式会社クレスコ

クレスコグループは最高のテクノロジーと絆で
“わくわくする未来”を創造します

クレスコってこんな会社!

クレスコはラテン語で「成長する」という意味を持ちます。1988年の創業以来「最高の技術と品質を発揮するIT企業」として、社名の通り着実に成長し続けています。

3つのコア技術（アプリケーション開発、プラットフォーム構築、組み込みシステム開発）で企画から開発・保守を行う「ITサービス」。先端技術をもとに製品・サービスを提供する「デジタルソリューション」。この2つの軸で企業のDXを推進し、売上高は直近10年間で3倍、社員数は2倍に成長（従業員数は1369名。2022年4月1日現在）。独立系のシステムインテグレーターとして幅広い事業領域でビジネスを拡大しています。

社内はフランクで風通しがよく、一人ひとりが成長を楽しめる社風です。健康経営、働き方改革、ワークライフバランス、人財育成に積極的に取り組み、公私共に充実した「クレスコライフ」を実現しています。

社長インタビュー

クレスコの健康経営が目指す未来のビジョンとは？

社員の声を取り入れた
明るく元気な
健康経営に挑みます

代表取締役 社長執行役員
冨永 宏さん

『人間中心』の伝統に健康経営をプラスして進化

「『人間中心』は、クレスコ創業時からのキーワードのひとつです」

そう語る冨永社長が見つめる先には、経営理念である「クレスコ憲章」の額がありました。クレスコ憲章には5つの項目があります。

・クレスコは
人間中心、実力本位の会社である
・クレスコは
自由、若さ、夢をもつ会社である
・クレスコは
最高の技術を発揮する会社である
・クレスコは
皆が経営する会社である
・クレスコは
世界で生きる会社である

冨永社長自身も入社以来、「人間中心」の社風を先輩社員の親しみやすさから感じ、自由と責任感の大切さを自覚しながら仕事に向き合ってきました。経営層に加わってからも「会社が成長し続けるには、実績や数字だけでなく、一人ひとりの社員を見ることが大切だ」と心がけてきたそうです。

「社員の誰もが、元気に前向きに明るく成長してほしいという思いがあります。しかし、自分の若い頃を振り返ると反省する点も多いです。残業は当たり前、上司と苦労を共にし、その慰労を兼ねた、過度に頻繁なお酒によるコミュニケーション。喫煙もしていました。しかし、さまざまな人がいて、それぞれが歳を重ねていく。多様性と変化を見ずに、一人ひとりの人間を見ることはできません。昔も今も、部長クラス以上は、開発現場に足を運んで社員を見るのがクレスコの基本です。ひとつ変わったのは、元気や明るさの基本には健康が必要だという視点を持つようになったことです。それを起点に働き方改革を全社的に進めています」

クレスコでは、開発のために顧客の会社内で勤務する社員、テレワー

社長
インタビュー
続き

クレスコの健康経営が目指す未来のビジョンとは？

クをする社員などさまざまな働き方があり、社員数も年々増加。フレンドリーな目線で社員を見守ることを文化としてだけでなく、制度化して仕組みとして充実させることにも力を入れています。

横串のコミュニケーションで頼れる会社をつくる

「コロナ禍以降に入社した新入社員にとっては、リモートでのコミュニケーションが基本になっていることも多く、周囲に相談する、誰かに頼る、会社がケアしてくれることを伝えていくことから始めよう。上の立場の者から声をかけていこう。そういう話を会議では欠かさず確認し合っています」

クレスコでは、会社の成長と社員の増加、国内拠点の増加、働き方の多様化に合わせ、部署内のコミュニケーション強化や、幹部同士の「横串のコミュニケーション」の活性化にも力を入れているそうです。担当部署の課題を相談し合って、他部署の成功事例をすぐに取り入れたり、社員の誰かが今とは異なる働き方や新しいチャレンジを希望した際、チームを越えた情報共有で全社的な解決や支援を可能にするためです。この垣根を越えたコミュニケーションは、個々の社員間でも活性化していると言います。

「以前から、社内での勉強会を推奨していましたが、近年は若い社員の活動が活発化しています。特に入社2年目くらいから手を挙げ、社内に呼びかけ、自ら学ぶ社員の姿を見ることが増えました。社歴も年齢も関係なく互いに学び合う。クレスコの伝統がさらなる進化を続けています」

会社と社員が支え合う健康経営の実践

伝統的気質を伴った風通しのよさ。新たな環境でも工夫され、進化するコミュニケーション。そして、社員を見守る視点としての「健康」重視の取り組みが、相乗効果となって社内を活性化させています。

「仕事同様、健康にも前向きであるべきです。全社で開催しているウォーキングイベントには、私も毎回参加しています。最初は1位を狙っていたのですが、ほかの参加社員の熱意には及びませんでした(笑)。思った以上に、社員一人ひとりが健康に関する会社の呼びかけに応えてくれます。うれしい想定外ですが、『人間中心』を双方向で実感しています」

義務ではなく、誰もが「やってみよう」と思う健康への取り組みが、これからもクレスコの進化を後押ししていくことでしょう。

人気の高い健康経営施策を紹介！

ウォーキングイベント

在宅勤務でも体を動かす機会となるよう2021年から開催。春と秋の社内恒例行事として実施しています。個人戦とチーム戦があり、個人戦では対象期間のうち1日8,000歩を15日以上達成するとドリンク券をゲットできます。チーム戦は1チーム4～8名で参加し、メンバーの平均歩数を競います。「体を動かすことをみんなで楽しむイベント」という面でも、「社員同士のコミュニケーション活性化」という面でも好評です。

健康増進手当

「健康にいい行動を後押しする」ことを目的とした制度です。1年間で4つの必須要件（定期健診の受診、ストレスチェック受検、非喫煙など）を満たし、さらに4つの任意項目（有休取得日数、スマホアプリによる歩数計測など）のうち2つを満たすと手当が支給されます。500名以上の社員から「導入前と比べ健康への意識が高まった」と反響がありました。今後も要件を見直しながら、さらなる浸透を目指します。

食生活改善・保健師コラム

隔月で社員に向けた健康コラムを発信しています。題材は睡眠、飲酒、健診、女性の健康などさまざま。朝食をとる機会が少ない社員向けに、簡単に朝食がとれるコンビニ食品なども紹介しています。また、毎月22日を「禁煙デー」とし、禁煙に成功した社員の声を公開しています。コラムを通じてヘルスリテラシーが向上し、禁煙率が前年より改善するなど効果が出ています。

コロナ禍以前から進めてきた仕事と人生を充実させる働き方改革

1 テレワーク（在宅勤務、シェアオフィス勤務、モバイル勤務）

テレワーク勤務制度の目的は、家庭と仕事の両立、業務の効率化や時間の有効活用、災害や感染症流行時の業務継続。社員は3つの勤務形態（在宅勤務、シェアオフィス勤務、モバイル勤務）を上司と話し合いながら選択できます。多様で柔軟な働き方を積極的に推進し、生産性の向上とワークライフバランスの実現を図っています。

在宅勤務率は約6割（週1回以上の在宅勤務者は約９割）。在宅勤務中心の社員には在宅勤務手当を、出社中心の社員には通勤手当とは別に通勤者支援手当を支給しています。出社とテレワークを業務と自分に合った組み合わせで選択できるため、通勤利便性や就業満足度が向上したという声も多く、育児や介護をする社員も通勤時間がなくなることで、仕事との両立がしやすくなりました。

2 残業削減・有休取得促進

「技術者が働きやすい会社に」という創業時の想いから生まれた「人を大切にする」クレスコの文化は、さまざまな制度を生み、働き方を変革し続けています。

1日当たりの所定労働時間を8時間から7時間30分に変更、毎月第3水曜日は定時退社を必須化し、ほかの水曜日も定時退社を推奨。ほかにも休日と祝日に挟まれた平日の連続休暇取得促進や勤務間インターバル（休息時間）設定など、仕事以外の時間創出を促進しています。家族や友人と過ごしたり、自己研鑽や趣味に充てるプライベートの時間が充実することで、仕事への相乗効果が期待されています。

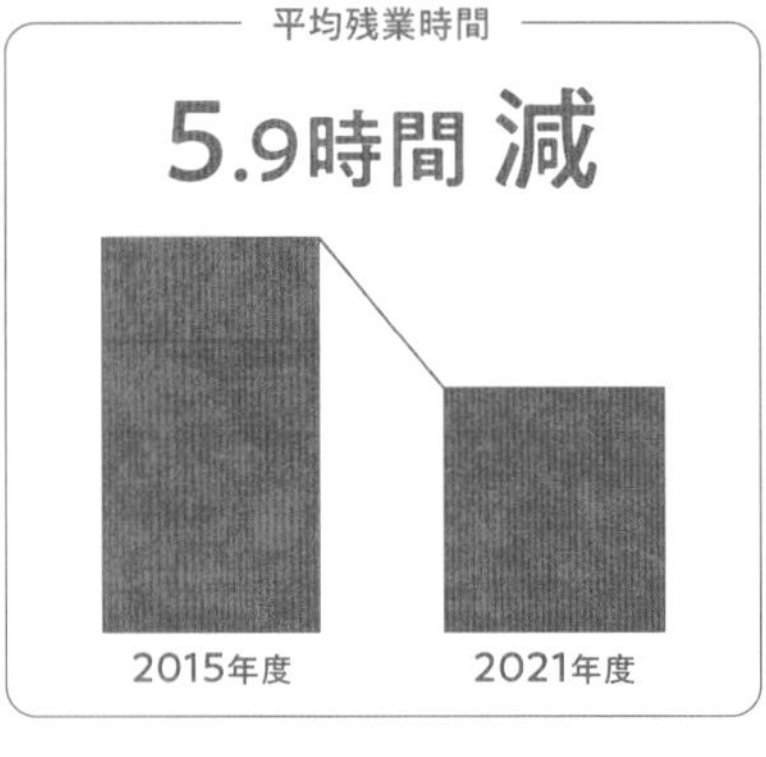

多様な社員の活躍推進とワークライフバランス

仕事と育児の両立支援

クレスコでは、「人間中心」という企業理念と、「子供は世界の宝」という考えから、育児に関する法律を上回る制度を導入。人事部の横溝さんは「妊娠・出産・育児は大きなライフイベント。そのような状況でも仕事と両立しながらイキイキと働くことができる職場を目指しています」と言います。

妊娠期の女性社員は、つわりなどで体調が思わしくない場合や母子健診を受ける際に休暇を取得できます。通勤による負担を軽減するための新幹線やグリーン車の利用も認められています。

「在宅勤務を行うことで育児に充てる時間も確保でき、仕事と育児を両立しやすくなったという声を多くの子育て世代の社員からいただいています」

育児休業は子供が3歳になるまでを取得可能期間とし、復帰後の短時間勤務は子供が小学校6年生まで可能と、安心して子育てに向き合える環境を整えました。実際に3年間の育児休業を取得する社員は男女共に着実に増加。年に一度、育児休業中の社員と育児休業後の社員を交えた懇談会を実施。育児休業の先輩と交流することで育児の悩みや疑問を解決し、育児休業期間が長くなっても会社や仕事との心理的な距離が開かない工夫をしています。

男性の育児休業の取得率向上も重要なテーマとしているクレスコでは、配偶者の妊娠を届け出る際に併せて育児休業の取得意向を上司に申し出る仕組みを導入しました。以来、育児休業を計画的に取得する男性社員が増加しています。

「男性社員の育児休業取得率（育児目的休暇も含む）は近年50～60%台で推移しています。今後も育児休業を取得したい男性社員が100%取得できる職場を目指し、さらに制度や環境整備に取り組んでいきます」

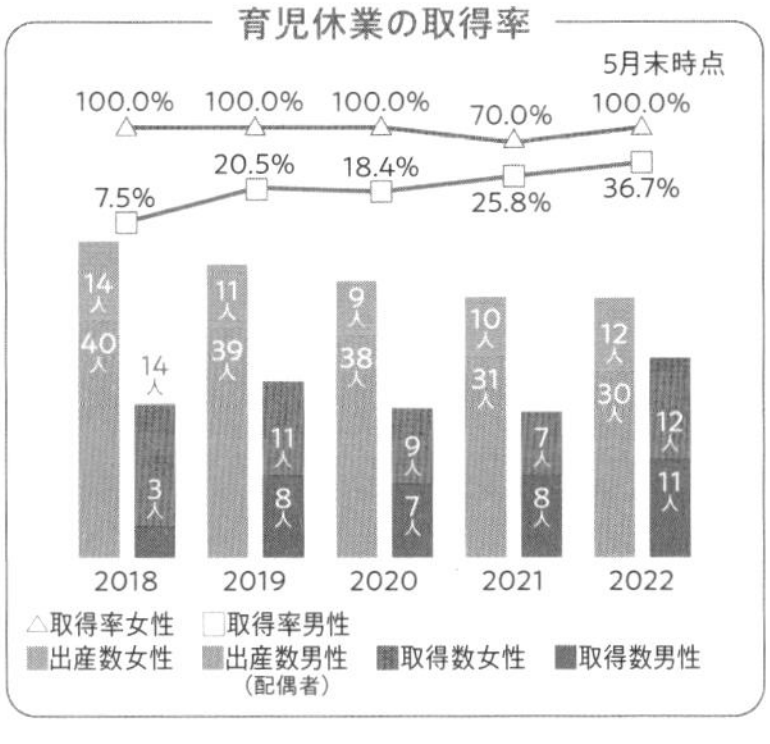

人事部 キャリアサポートチーム
横溝 真生さん

健康経営がベースにあってこその人財育成

1 クレスコの人財育成の考え方

クレスコでは自己の実力を最大限に発揮するために「資質」「人間力」「技術力」「仕事力」の4つが重要であると考えています。もとから各人に備わっている「資質」（個性や才能）を土台として、「人間力」（上司や部下、同僚、顧客などさまざまな人とつながって発見・変化する行動特性や態度）と「技術力」（業務遂行のために必要な業界・職種ごとに特化したスキル・知識・経験）を磨くことで、これらの力を成果に結びつける「仕事力」を高めます。「この4つが高い状態であるほど、より大きな成果を生み出すことができる」と人事部の渡邉瑞穂さんは言います。

「システムやサービスは人の手によって創り出されるものであり、会社の最大の資産は『人財』です。市場で活躍するITプロフェッショナルとなるための人財育成に全社を挙げて取り組んでいます」

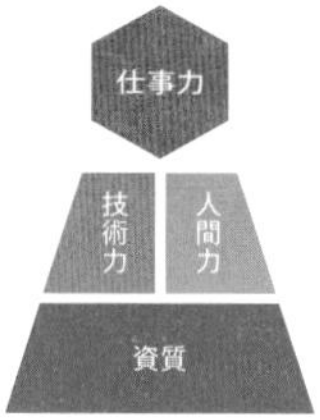

仕事力	「技術力」「人間力」を活用し、結果を出す力
技術力	業務を遂行するために必要な、業界職種ごとに特化したスキル・知識・経験
人間力	成果を生み出すために有効な人間的能力
資質	もともと持って生まれた才能や強み

2 若手社員の育成

最高の技術を発揮するための社員の育成に力を入れているクレスコでは、中でも入社1～3年目の若手社員の育成、特にキャリア形成支援に注力しています。

新入社員が集合研修を経て配属されたあとは、キャリアサポートチームが定期面談を行います。それぞれのキャリア観に耳を傾け、ビジョンを描く支援やその実現を後押しするほか、定期的なワークショップやローテーションを実施しています。

ローテーションは「なりたい自分」を見つけたときに一定の条件を満たせば部署異動できる仕組み。自身の適性ややりがいを体感しながら将来像を固められるメリットがあり、全社員が利用可能です。

キャリアサポートチームのほかにも、OJTを担当する先輩社員、相談役のお兄さん・お姉さんのような役割のメンター、配属先部署長が一丸となって、若手社員の成長をサポートしています。

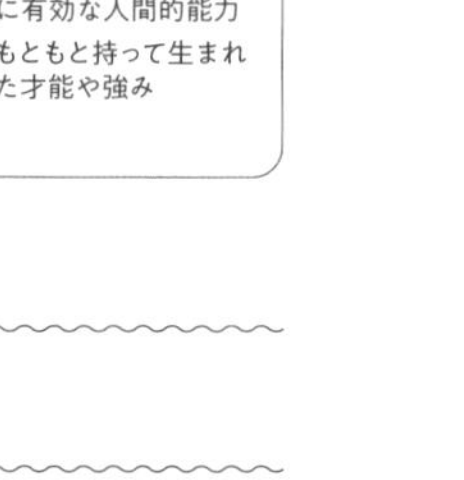

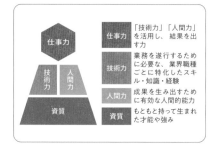

社員インタビュー

積極的にスキルを磨ける環境が、ここにはある

「知りたい」をスタートラインに「なりたい自分」にゴールできる

松下龍之介さんは入社6年目。就職活動では、人とのコミュニケーションを介して働く営業職を希望し、さまざまな会社を訪問したそうです。規模や業態に関係なく「ITの活用」が会社説明会で話題になるのを見て、「ITにかかわる営業職こそ将来性がある」と実感。数あるIT企業の中でもクレスコを選んだのは人財育成に対する企業姿勢でした。

「理系出身でなくても基礎的なIT技術から学び、入社後3年かけて開発現場で適性を確認しながら、活躍の場を整えていく制度がありました。大学では商学の分野で主に物流の勉強をしてきたためITとは無縁でしたが、この会社ならなりたい自分に近づけると思ったんです」

松下さんは、業務を遂行しながら学びを深めていく中で、ITを用いたツールやシステムの便利さを体感したと言います。

「システムで作業が自動化されている様子を見て、最初は単純に、これカッコいいなと思いました。それから知識が深まると共に『この便利さを困っている人に伝えたい』『そのための知識を得たい』という気持ちが強くなりました。クレスコでは、思いを語れば、先輩や上司、他部署の専門家が手を差し伸べてくれます。知らないなら学ぶ。そんな前向きな姿勢でいれば後押ししてくれる社風です。会社も年間40時間以上の勉強時間をつくるよう推奨しています」

現在は、営業職と技術職を兼務する立場で、お客様のニーズを整理し、開発チームと連携。同時に、担当するツールのプレゼンや講師も務めています。

「この製品にはこんな機能もある。御社のこの課題解決に役立つ。私の説明を聞き、理解してくれたお客様が、ハッと表情を明るくした瞬間に、私はクレスコで人の役に立てる人財になれた。そう実感します」

実は、就活時には「IT」が何の略かも知りませんでした

デジタルソリューション推進室
松下 龍之介さん

大学時代は学生ゴルフの大会で全国出場を果たす。「体育会系で文系の自分」がITの世界に踏み出せたのは、人財育成に力を入れるクレスコだからこそ。

働く環境はこんなところ！

品川本社25階オフィス

2022年にリニューアルされたオフィスのコンセプトは、「コミュニケーション促進と集中力向上の両方の実現」。働き方の多様化が進む中、出社の目的やオフィスに求められるあり方を検討しました。「カジュアルミーティングエリア」「ダイニングエリア」など多様な空間を配置し、回遊動線を工夫することで社員の交流やアイデア創出を促します。一方で、会話禁止の「ハイフォーカスエリア」を設け、什器には業務用ゲーミングチェアを採用。集中力向上を図り、生産性向上を実現しています。

「もっと少人数の会議室を！」という社員の声が実現したヨクスルという仕組み

「ヨクスル」は、企業理念のひとつである「皆が経営する会社」を体現する場です。会社、社員、家族、顧客を「ヨクスル」ために、社員が年齢、役職問わず気楽にまじめな提案ができます。「オンライン会議用の少人数スペースを増やしてほしい」という意見には多くの賛同があり、事務局で会議室利用データを分析。利便性や費用の検討を経てレイアウトが見直され、実現に至りました。

社員インタビュー

これまでの努力・挑戦・情熱に価値を見いだす「ユニーク採用」

仕事とプライベート両方を応援してくれる会社

「『第16期朝日アマチュア囲碁名人戦』で当社社員が3連覇を達成」

クレスコWebサイトの「ニュース」に掲載されたトピックは、同社の大関稔さんの健闘を讃えるものでした。入社は2019年。クレスコが設けている「ユニーク採用枠」で社員となりました。かつてプロ棋士を目指していた大関さんは、大学生の大会でも優勝9回。一般の全国大会でも2回の優勝を果たし、面接時にはその実績をプレゼンしたそうです。

「もともとシステムエンジニアに興味があって就職活動をしていました。一方で、囲碁への取り組みも自分の人生のために続けたい。まさにワークライフバランスを模索しているときに、クレスコのユニーク採用枠を知り応募しました」

大関さんは、ITにおける顧客の課題を、囲碁で培った戦略的思考で解決する将来像をイメージしていたと言います。

「現在は、自動車関連の組み込みシステム開発を担当しています。まだ、囲碁と仕事が結びつく段階ではありませんが、囲碁への取り組みが継続できる環境を会社も支援してくれるので、とても充実した毎日を送っています」

囲碁の大会に出場するのは、大関さん個人のプライベートな活動です。しかし、会社は「オフはご自由に」という姿勢ではなく、大会日程がわかると応援の声と共に「じゃあ、どうしようか」と勤務に問題はないかまで一緒に考えてくれるそうです。

「しかも、結果を出せば会社のWebサイトに自社のトピックとして掲載してくれます。他部署の社員も私の名前を知ってくれているので、仕事もしやすいんです」

すごい人がいる。自分もプライベートを充実させよう。そんなふうに、大関さんの存在は社内に刺激を与えています。

「囲碁を続けたい」という自分の思いを他人事とせず、「がんばれ」「じゃあどうしようか」と一緒に考え、結果を一緒に喜んでくれる会社だから、もっと多くの人がユニーク採用にチャレンジしてほしい。

第一エンベデッドソリューション事業部 第一部
大関 稔さん

プロ棋士を目指す年齢制限は22歳。20歳で進路を変え、大学へ進学。ユニーク採用の面接では、そうした実績と新たな選択や挑戦への意欲も囲碁を続ける意義として話した。

PART 4

就職先選びの判断材料としての健康経営

法政大学 人間環境学部教授
金藤 正直

健康経営に取り組む企業が増えている一方で、「何から手をつけていいのかわからない」という声も聞かれます。その理由のひとつは、実施した施策を評価できる指標がないことが挙げられます。法政大学人間環境学部教授の金藤正直氏は、そうした課題を解決するためにバランス・スコアカード（BSC）を用いた健康経営評価モデルを開発。健康経営が従業員の働き方にどう影響し、企業の持続的成長に貢献しているかを見える化する研究を続けています。金藤氏に、就職活動中の学生は企業のどのような情報を判断材料として、自分に合った就職先を見つければいいのかについてうかがいました。

サステナビリティの実現には「健康」が不可欠

私が健康経営に興味を持ったきっかけは、２０１０年に出版された『よくわかる「健康会計」入門』（森晃爾、永田智久、奥真也／法研）という書籍を読んだことです。ＩＳＯ監査員をしていた義父が著者のひとりである森晃爾先生と知り合いだったことで本の存在を知りました。内容は、企業が実施した従業員の健康増進への取り組みを見える化・数値化するというもので、非常に興味深く読みました。

その本の影響もあって私自身も企業の健康課題に興味を持ち、取り組みにかかる費用、費用をかけたときに従業員一人ひとりが本当に健康になるのか、労働環境が整備されるのか、それによって従業員にどのような心理的効果があるのかというところから研究をスタートしました。

その後、労働安全衛生の観点で健康を捉えることを検討し始めた２０１４年頃に、先ほどの本の共著者である永田智久先生から、企業経営と産業保健のあり方に関する研究会へのお誘いをいただきました。永田先生と健康会計の動向や健康経営の考え方について情報共有し始めたのがこの頃で、その後は、本学大学院に社会人入学され、私のゼミ生となった故・高﨑尚樹氏（株式会社ルネサンス元社長）や、岡田邦夫先生（ＮＰＯ法人健康経営研究会理事長）との出会いもあり、企業の健康経営の研究を続け、現在に至ります。

現在、大学のゼミナールでは、ゼミ生が複数のチームに分かれて活動しています。その中のひとつであ

法政大学 人間環境学部教授
金藤 正直

（プロフィール）

1974年広島県出身。横浜国立大学大学院国際社会科学研究科企業システム専攻博士後期課程修了。東京大学大学院工学系研究科化学システム工学専攻産学官連携研究員を経て、弘前大学人文学部の専任講師、准教授を歴任。2014年4月より法政大学人間環境学部准教授、2019年4月より現職。企業や地域の持続的成長を実現するマネジメントシステムの研究・調査を行っている。担当ゼミのテーマは「企業や地域の持続的成長のためのビジネスモデル」。


る「ヘルスケアチーム」では、企業の健康経営をテーマに研究をしています。ヘルスケアチームの活動は、健康経営の効果を数値化・指標化する方法を検討することからスタートしました。健康経営の効果に関しては、経済産業省から公表されている「健康経営の推進について」で概念が触れられていますが、実際に数値化・指標化する明確な方法がありません（図表4－1～2）。現在はそれにプラスして、企業が、経済産業省の「健康投資管理会計ガイドライン」に示されている戦略マップどおりに経営を行っているのかどうかを検証したり、健康経営への取り組みが企業価値にどのような影響があるのかも調査しています。

　ヘルスケアチームのゼミ生にとって健康経営は興味深いテーマのようです。一方、

図表4-1　健康経営の効果

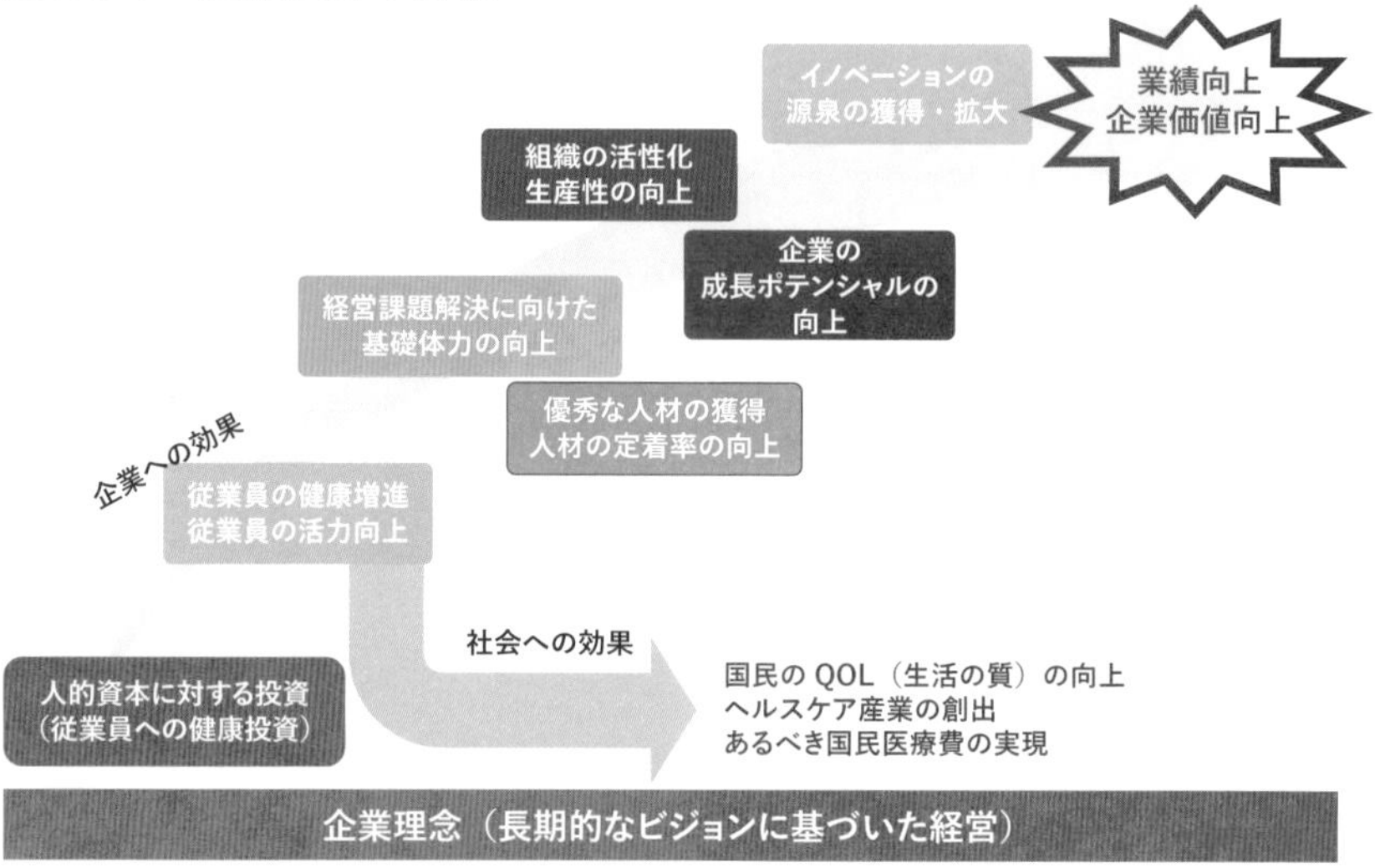

出典：経済産業省ヘルスケア産業課「健康経営の推進について」（令和4年6月）

図表4-2　健康経営の効果が現れるフロー

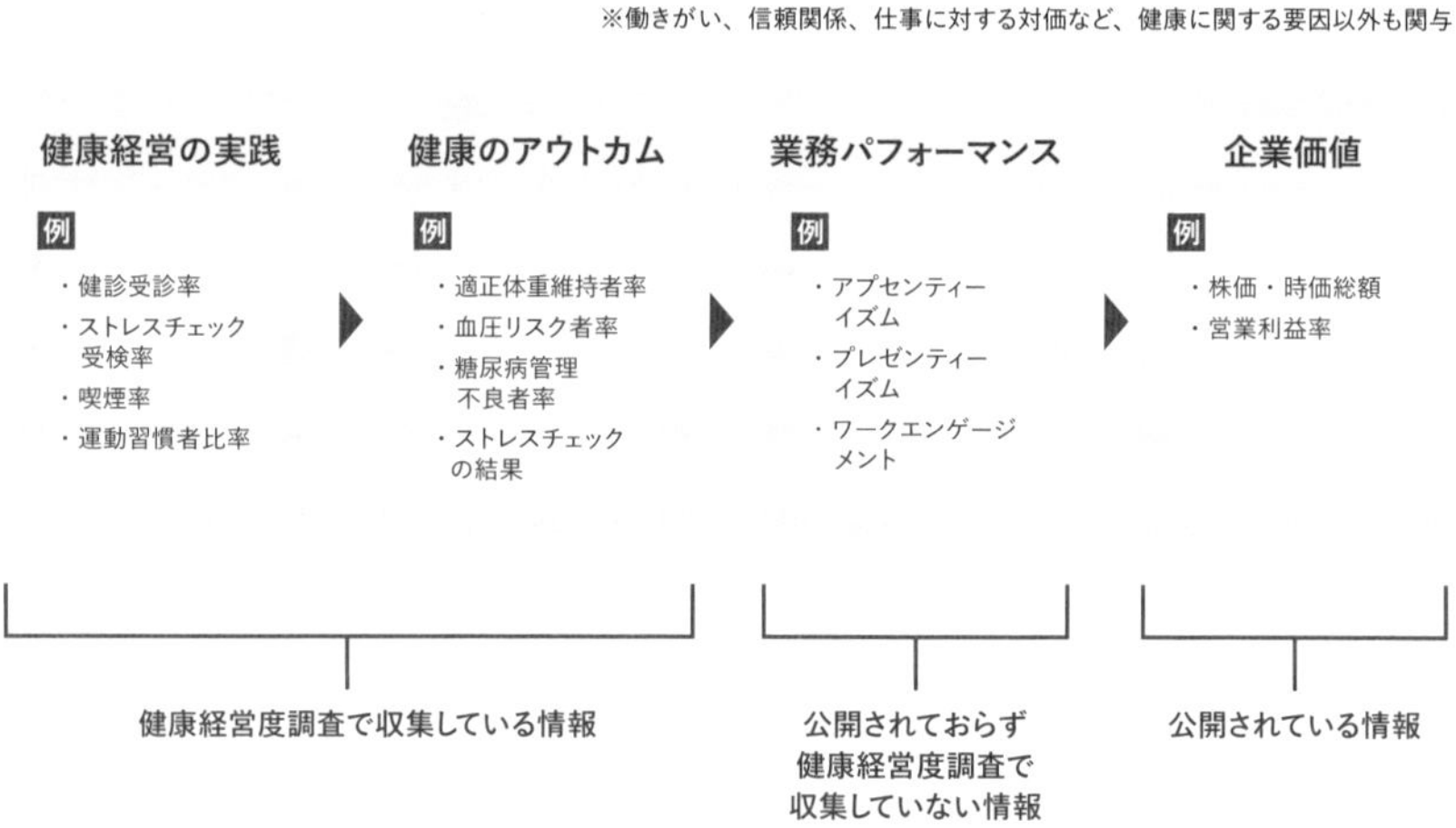

出典：経済産業省ヘルスケア産業課「健康経営の推進について」（令和4年6月）

ゼミ生以外の学生は、学ぶ機会がないので健康経営に対する関心はまだ低いように思います。

私は授業で環境経営やサステナビリティ経営の話をする際、学生に「サステナビリティを実現する主体は？」と問いかけることから始めます。この質問に対し、大半の学生は「国」「地域」「企業」と答えるのですが、「それらを動かしているのは？」という問いを重ね、すべては「人」が動かしていると説明します。そして、企業がサステナビリティを実現していくためには、職場環境や従業員の健康度を高めていくことが重要であると伝えています。つまり、国、地域、企業のサステナビリティを支えているのは人であり、人は健康でなければ活動できないのです。私の授業では、このような話をしつつ、健康経営の話題に触れているため、もしかしたら健康経営に関心を持ち始めた学生もいるかもしれません。

人的資本情報の開示が世界的潮流になる

最近では、健康経営という言葉をメディアでよく耳にするようになりました。日本の健康経営で求められていることは、組織開発・運営にもつながります。従業員一人ひとりの健康をサポートするためには、適材適所の人材配置が重要です。しかし、メンタル面に不安を抱えている従業員がいる場合は、健康診断の結果をもとに、また産業保健スタッフなどと共に、その従業員の健康保持のための対応を検討したり、必要に応じて仕事量を調整したり、部署を変更するなど何らかの対策が必要になります。このように、健康経営と組織づくりは不可分であるように思います。

しかし、私の肌感覚では「何から手をつけていいのかわからない」という企業がまだ多いような印象を受けています。理由としては、取り組みの成果指標がないことが挙げられます。

健康経営のキーワードのひとつとして「人的資本」があります。人的資本とは、内閣官房より公表された「人的資本可視化指針」によれば、「人材が、教育や研修、日々の業務等を通じて自己の能力や経験、意欲を向上、蓄積することで付加価値創造に資する存在であり、事業環境の変化、経営戦略の転換にともない内外から登用・確保するものであることなど、価値を創造する源泉である『資本』としての性質を有することに着目した表現」のことを指します。

世界に目を向けると、人的資本情報を開示する企業が増えています。欧米では、ドイツ銀行やバンク・オブ・アメリカをはじめ多くの企業が人的資本に関する報告書を発行し始めています。

日本においても先ほど述べた「人的資本可視化指針」やISO30414への対応なども契機となり、大手企業に対して2023年3月期決算以降の有価証券報告書で人的資本開示が義務づけられたことから、各企業による人的資本情報の開示への対応が加速化すると思います。たとえば、健康経営の先進企業であり、「ウェルビーイング経営」を標榜する丸井グループは、統合報告書である「共創経営レポート」「共創サステナビリティレポート」「共創ウェルネスレポート」において、健康経営を通じた従業員意識やワークエンゲージメントに関する指標をはじめ、職場における従業員のしあわせ度（ハピネス度）向上による効果を営業利益に換算した指標、ＥＳＧプレミアム指標など非常に充実した内容を公表しています。

企業が従業員の健康に対してサポートする内容としては、人事（人材）戦略やマネジメントだけではありません。たとえば、ＳＤＧｓ関連では人権やダイバーシティなども関係してきます。そのような情報を網羅した人的資本情報を開示する報告書の発行は、おそらく今後の日本でも増えていくのではないでしょうか。たくさんの企業が報告書を発行するようになれば、就活中の学生も各企業の内情を把握できるようになり、「こんな会社で働きたい」と思うきっかけになると思います。

ただ、懸念されるのは、企業側が成果・効果のあった取り組みしか報告書に掲載しない可能性があることです。そういう意味では、企業にとってネガティブな情報も公平に掲載する必要があります。また、健康経営優良法人や健康経営銘柄に選ばれているという事実は、ひとつの指標にはなりますが、それだけでよりよい就職先であると判断しないほうがいいと思います。学生が企業の実態を知るためには、さまざまな報告書や企業ホームページの情報を分析する必要があります。企業が偏りのない情報を開示し、それをチェックする機関も設けていただけると、学生が正しい情報に触れることができ、就職したあとのミスマッチも少なくなるでしょう。

BSCを用いた健康経営評価モデルを開発

健康経営に明確な指標がないことから、私はバランス・スコアカード（BSC）を用いた健康経営評価モデルの開発を始めました。BSCは、財務的、非財務的な数値を用いて、①財務、②顧客、③業務プロセス、④人材と変革──の4つの視点から業績を測定・評価し、企業が策定したビジョンや戦略の達成を促すシステムです。中でも重要なのが、4つの視点をもとに、長期的な観点から事業を成功に導くビジョンや戦略を実現させる「戦略目標」と、それを達成するための活動を可視化したロードマップである「戦略マップ」の作成です。

健康経営も人的資本経営も、今の時代に企業が成長するうえで欠かせない取り組みになりつつありますが、どのようなかたちで効果が波及するかを見える化するのは、とても困難だと言えます。それをできる限り見える化していくという視点が、現在の私の研究内容につながっています。

BSCを用いた健康経営評価モデルを解説するにあたり、まずは経済産業省が作成した「健康経営の効果フロー」をもとに私が考えた図表4－3をご覧ください。ここには、健康経営における健康、組織、企業価値の因果関係と、取り組みを通じてどのような効果が得られるかが描かれています。経済産業省が「健康投資管理会計ガイドライン」で作成を推奨している戦略マップと似たようなものです。ただし、このように戦略マップをつくり、取り組みの見える化ができたとしても、その取り組みの効果や、どのように業績に反映されたのかはわからないままですので、この図にも描かれている経営者などの情報利用者の意思決定に対して有効的な情報を十分に提供できるとは言えません。

そこで私が考えたのが、BSCを使った健康経営の評価モデルです（図表4－4）。先ほどの戦略マップを数値化し、各視点の因果関係に関してはもう少し抽象度を高めています。

健康経営を推進するにあたっては、戦略や目標に基づいた実現可能な取り組みや数値を設定することが非常に重要です。現在、企業は戦略マップをつくることに専念している印象がありますが、戦略マップはあくまで戦略や目標に当たるもので、これらに基づいたかたちで具体的な取り組みや数値化をしていか

図表4-3　健康経営の効果フローと情報利用者

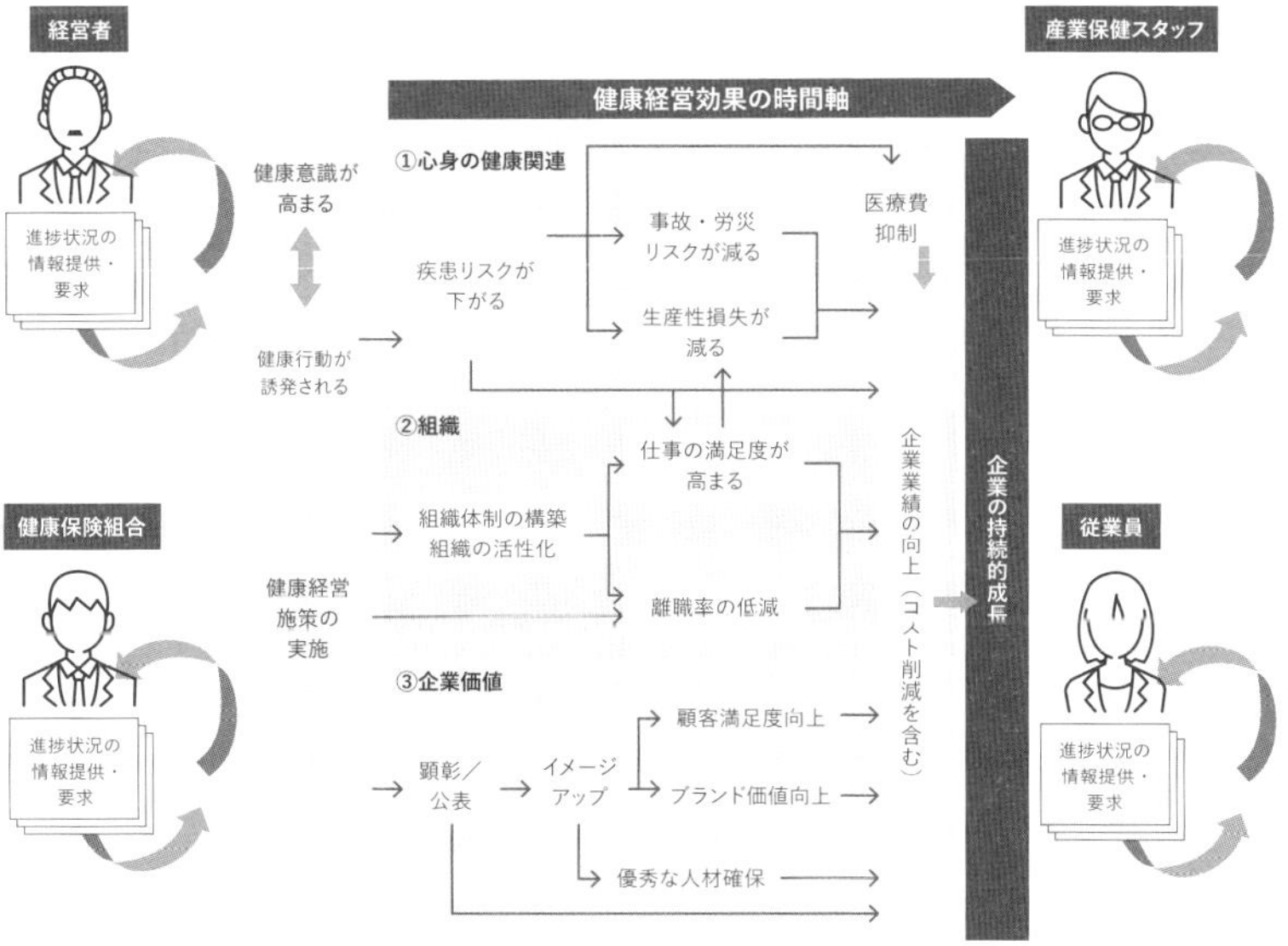

出典：経済産業省ヘルスケア産業課「健康経営の推進について」（2018年）をもとに筆者作成

図表4-4　COVID-19を考慮に入れた健康経営評価のためのBSCモデル

戦略マップ	戦略目標	重要成功要因	業績評価指標	ターゲット	アクション・プラン
財務の視点	低コスト化	医療費増大の抑制	医療費額（率）	○万円（○%）	医療費の適正化と、業績・企業価値の向上による企業の成長ポテンシャルの向上
	収益向上	顧客の拡大	顧客1人当たりの売上高	○万円	
顧客の視点	優秀な人材確保	目標採用人数の達成度	採用人数（うち辞退者数）	○人（うち○人）	企業イメージ向上による人事・ブランド戦略の実現
	ブランド価値の向上	顧客サービスの向上	顧客満足度	○点（%）	
		健康経営銘柄の選出	選定回数	○回	
業務プロセスの視点	離職率低減	業務の満足度・品質向上	仕事（生活）満足度	○点（%）	ワークライフバランスを加味した従業員の定着率と生産性の向上による組織の活性化対策
	業務の効率化		1人当たりの業務時間（コスト）	○時間（○万円）	
	ワークライフバランスの向上		生活満足度	○%	
			仕事満足度	○%	
人材と変革の視点	個人成果の向上	ソーシャルスキル	従業員のスキル・資格数	目標達成率○% メンタルヘルス教育参加率○%	新型コロナウイルス感染症対策を加味しながら、ソーシャルスキル向上による従業員の心身の健康増進と能力向上のための労働環境の整備と投資
	心身の健康改善		健康診断受診者数	ストレスチェック（点数）○点 受診率　○%	
			健康指導実施率	○%	
			健康投資	投資額（○万円）	
	コロナ感染リスクの軽減	労働環境の整備	コロナ対策投資	投資額（○万円）	
			在宅勤務者数	在宅勤務割合○%	
			ワクチン接種者数	接種率　○%	

出典：金藤正直（2022）「労働安全衛生マネジメントシステムを考慮に入れた健康経営評価システムの展開」『横浜経営研究』第43巻第1号、277頁の表1

ないと、健康経営の取り組みでどんな効果が得られたのかはわからないままです。企業価値が向上したことをどのような指標で評価するのか、あるいはワークライフバランスの向上をどのような視点で評価するのか——。つまりはマップに対し、数値を指標として示す必要があるわけです。

私の考案した評価モデルでは、ターゲットの隣に実績値の欄をつけたり、またこれに評価点の欄も加えることによって、たとえば、人材確保の達成度やワークライフバランスの向上度などが、ひとつのシートを見て一目でわかるようになります。究極的には、企業という枠組みではなく、この方法で従業員一人ひとりのスコアカードをつくり、評価するべきだと思います。個々人のデータの集積によって、部署や企業にとっての健康経営の効果が、より詳細に把握できると確信しています。

成果指標となる評価モデルがあると、健康経営の取り組みの効果を把握するうえで役立ちますし、企業の基礎情報にもなります。現状、この評価モデルを見てくださった企業の方たちの反応は賛否両論がありますが、企業の最終的な意思決定に使うことができ、健康経営の浸透により役立つことができるよう、今後も研究に力を入れていきたいと思います。

就職先の福利厚生を重視する学生が増えている

私が身近に接している学生たちは、就職先の企業に何を求めているのかというと、「福利厚生」です。私の記憶では、世間で「ブラック企業」という言葉が流行する少し前から、福利厚生への注目度が高まりつつあったように思います。その背景については客観的なデータを持っていませんが、おそらく、働きやすさを知るうえで福利厚生という指標を手掛かりにしているのではないでしょうか。

もちろん、「給与」や「働きがい」「これまで学んできたことを発揮できるか」という視点でも企業を見ているとは思います。しかし、最初に見るのは福利厚生です。自分が活躍できる企業なのかどうかを判断するときに、福利厚生を基盤とする働きやすさが確保されていないと、「パフォーマンスを発揮できない」「スキルが向上しない」という声はよく聞きます。依然として就職先としては大企業が人気ですが、それは大企業であれば、福利厚生を含め、すべてのよい条件がパッケージで揃っているというイメージがあるからです。

ただし、福利厚生だけ見ても、企業によっては漠然とした情報しか開示していない可能性もあります。そこで学生たちに気にかけてほしいのは、企業が従業員に対し、福利厚生も含めてどのようなアプローチをしているのかです。

企業の統合報告書には人事(人材)戦略などについて書かれているので、そういった資料をチェックし、健康経営や労働安全衛生に関する取り組みについて詳細を確認するとよいと思います。就職したときにしっかりと面倒を見てくれるか、きちんと結果を出したときに評価をしてくれるのか、そのような情報は確認しておくべきでしょう。

これにプラスして、私自身が会計学を指導していることもありますが、財務諸表を見ることをおすすめします。3~5年分をチェックしておくと、その企業の業績の動きと共に、どの取り組みに力を入れているのかがよくわかります。

また、時代の変化に対応しない企業は、いろいろと事情はあるかもしれませんが、今後の成長は見込めないのではないかと考えています。現在または将来に求められている新しい取り組みを早めに取り入れて変わろうと努力している企業、人材をコストではなく経営の根幹を担う重要な資源として見ている企業は今後の成長が期待できます。

私は就活中の学生に対して、「身の丈に合った企業を選んでください」とアドバイスしています。運よく大企業に就職することができ、背伸びして頑張っても、壁にぶつかってメンタルを病んでしまえば、仕事ができなくなります。自分自身が無理なく働ける環境なら、「そこがあなたにとって身の丈に合っている企業では？」という提案をしています。

学生は企業のどこを見て、就職先を選ぶべきか

研究で健康経営銘柄の企業を数年単位で見させていただいた経験からお話しすると、健康経営や労働安全衛生に一所懸命努力して取り組んでいる企業は、発行している各種報告書やホームページなどの情報量が非常に豊富です。

たとえば、その企業が従業員を人的資本としてどのように扱っていくかは、企業の持続可能性を分け

る大きなテーマになる可能性があります。従業員を重要な資本として扱えない企業には人が集まらないからです。そのため、企業の各種報告書やホームページなどに書かれている内容を見て、時代のニーズに沿った取り組みができているかどうかを判断するべきです。そのような取り組みに力を入れている企業は成長する可能性を感じます。

これからの時代は、自律型の人材に対する需要がより高まっていくのではないかと思います。私自身、授業では学生の自主性を重んじるように努めています。学生には、就職先を探すにしても主体的なリサーチが必須で、志望する企業に就職するために自分に足りない部分があったなら、その部分を補うために積極的に学ぶ姿勢が欠かせません。これから就職を目指す学生のみなさんには、企業をよく知るとともに、自分自身のことも客観的に理解しつつ、自分に合った企業を見つけてほしいと思います。